# 북한사회

당이 결심하면 우리는 한다

# 북한사회

당이 결심하면 우리는 한다

경진출판 냄

안티구라다 씀

십쇄 씀

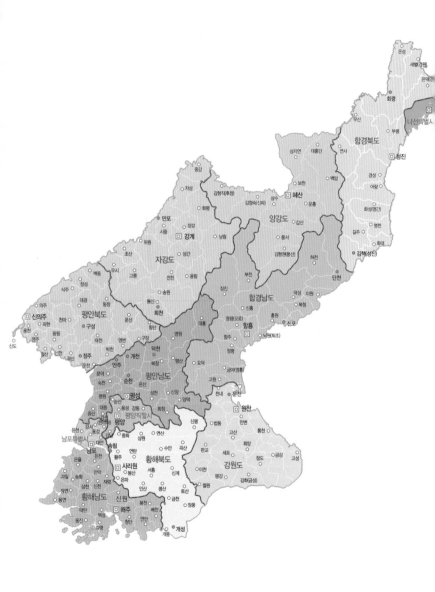

통일 강연을 가면, 우선 관중들은 강사를 째려본다. 그리고 세 가지 패턴을 보인다.

먼저, 강사가 인사를 하면 관중은 강사의 사상이나 가치관을 유심히 살핀다. 그리곤 나와 생각이 같으면 아군이다. 만약 생각이 다르다면, 그것은 틀린 것으로 생각한다. 심지어 적군이라고 여기는 사람도 봤다.

뭐가 그렇게 심각한지 모르겠다.

둘째, 강의를 시작하면 관중은 썩은 미소를 강사에게 보낸다. '네가 아무리 떠들어 봐라. 내 생각이 변할 것 같으냐.'는 눈빛으로 째려본다.

셋째, 강의를 마치면 관중들은 일어서면서 말한다.
'나는 내 가치를 무사히 지켜냈구나!'

관중들의 이러한 세 가지 패턴은 일상에서도 비슷하게 나타난다.

일상에서 대화를 하다가 누군가 눈치 없이 통일이야기를 하면 대화는 순간 정지된다. 그 찰나의 순간, 분위기는 갑자기 싸해질 뿐이다.
일명 '갑분싸(갑자기 분위기 싸늘해지다)'가 된다.

불경죄라도 저지른 것마냥 분위기는 순식간에 '갑분싸'가 됨과 동시에 말을 꺼낸 사람은 죄인 아닌 죄인이 된다. 그리고 '다른 이야기'로 화제가 전환된다.

2020년 대한민국 사회에서 통일이나 북한을 얘기하는 것은 참으로 불편하다. 이게 현실이다.

통일이나 북한을 얘기하는 것 자체가 불편해진 우리의 일상에서 사상이나 이데올로기가 화자와 청자 간의 간극이 있기라도 하면 걷잡을 수가 없을 정도로 분위기는 더욱 싸늘해진다. 싸움이 안 나면 그나마 다행이다.

2020년 우리 사회에서 나와 생각이 다른 사람을 이해하려는 사람이 과연 얼마나 될까?

대한민국은 각기 다양한 생각을 존중하고 있는 사회다. 하지만 나와 생각이 똑같은 사람들과 이야기를 나누고 있다. 왜냐하면 그것이 편하기 때문이다. 나와 생각이 다르기라도 하면 남녀노소를 불문하고 불편할 뿐이다.

일상에서 나와 생각이 다른 사람과 대화를 하는 것은 참으로 피곤한 일이다. 먹고 살기도 바쁜데 굳이

나와 생각이 다른 사람과 얘기까지 할 필요가 있을까? 충분히 공감한다.

나와 생각이 다른 사람과 대화하는 것이 힘들 수 있다. 문제는 만나려고 하지 않고, 들으려고 하지도 않는 다는 점이다. 그리고 판단을 한다. 내 생각은 절대적으로 맞는 것이며, 내 생각과 다른 것은 무조건적으로 틀린 것으로….

안티구라다와 십쇄는 이번에도 말한다.
'그냥 보자.'
'판단은 각자가 알아서 할 일이다.'

북한이든, 인생이든 무엇을 보든지 그냥 봐도 무방하다는 것을 강조하고 싶다.

여기에 하나 더 강조하자면, 무엇이든지 보는 것을

게을러 하지는 말아야 한다는 점을 꼭 말하고 싶다.

많이 보고, 또 보고, 계속 보면서 우선 알아보자.
그리고 판단해도 늦지 않는다.

우리는 그동안 판단하고 바라봤다. 선후관계가 바뀌었다. 그렇다 보니 보고 싶은 것만 골라서 보고 있다.
생각은 언제나 편협하게 하고 있을 뿐이다.

이제부터는 첫째로 많이 보고, 둘째로 판단하고, 셋째로 대안을 찾아보는 순서대로 해보자.

'안티구라다'와 '십쇄'는 이것을 북한 실학운동으로 칭한다.

# 1. 지리

## 2. 교육

## 3. 체육

# 4. 교통

# 5. 건축

# 6. 민족문화

이 책에 쓰인 사진의 출처는 다음과 같다.
'조선의 오늘'·'내나라' 홈페이지
로동신문, 조선화보, 조선중앙TV

# 1. 지리

# 행정구역

북한에는 자강도와 량강도라는 행정구역이 있다.

'자강도'

'량강도'

2011년 11월 17일 영화 〈량강도 아이들〉이 국내에서 개봉됐다. 그래서 '량강도'는 들어 본 기억이 있다.

오래 전에 봐서 기억이 가물가물한 영화다. 하지만 영화 〈량강도 아이들〉을 통해 '량강도'라는 지명은 확실하게 기억하고 있다.

북한과 관련한 영화들은 정치와 관련한 소재가 대부분이다. 그런데 이 영화는 북한의 지방 학생들의 삶을 잘 그리고 있다. 천진난만한 학생들을 엿 볼 수 있는 영화라 그런지 재미있게 봤던 기억이 있다.

그런데, 량강도가 어디에 있는지 모른다.
영화를 보면서 정작 량강도가 어디에 있는지 궁금하지 않았다.

나는 왜 궁금하지 않았을까?

모른다고 구박하거나 면박을 주는 사람도 없다.
시험문제로 출제되지도 않는다.
몰라도 사는데 지장이 전혀 없다.

오히려, 북한의 지명을 알고 있으면 그것이 더 이상하다. 이상한 사람 취급받기 십상이다.

그렇다.

솔직히 나랑 상관이 없기 때문에 몰라도 된다. 상관
도 없는 것을 알고 있는 게 이상할 수 있다.

그럼에도 불구하고 상식으로 북한의 행정구역을 알
아두면 어떨까?

'1직할시·2특별시·9도'.
'25개의 시, 144개의 군'으로 이뤄져 있다.

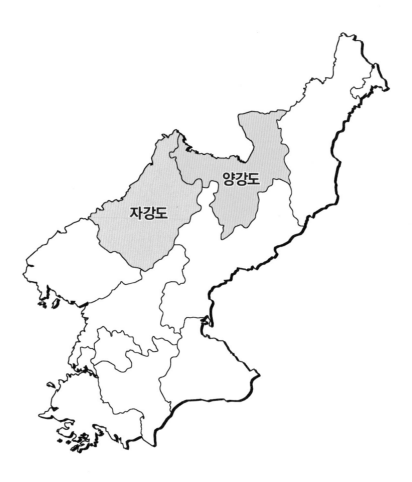

자강도

양강도

# 자강도

1949년 1월 북한이 신설한 행정구역이 있다.
바로 '자강도'다.

평안북도 강계군을 비롯한 일부 지역과 함경남도의
장진군 일부를 통합하면서 만들어진 새로운 행정구
역이다.

참고로 도청소재지는 '강계시'다.

자강도는 '고난의 행군'(1990년대 중반 북한에서 발
생한 최악의 식량난을 지칭하는 말) 기간 동안 가장
모범을 보인 지역이다. 특히 도청소재지인 강계시는

'강계정신'으로 상징화된 도시다.

'강계정신'을 북한에서는 '돌 우(위)에 꽃을 피우는 정신'으로 부르고 있다.

솔직히 무슨 말인지 와닿지 않는다. 우리 사회에서 통용되는 말로 하자면, '불가능한 일을 가능하게 만들었다' 정도로 번역할 수 있다.

남이나 북이나 같은 한글을 쓰지만 이해할 수 없는 한글이 있다는 것이 놀라울 뿐이다.

# 량강도

'량강도'라는 지명은 조선시대에 없었고, 원래 북한 사회에서도 없었다. 1954년 10월 북한은 함경도 남도의 일부와 자강도 후창군을 병합하면서 신설된 행정구역이다.

량강도에는 민족의 성산인 '백두산'이 있다.

참고로 백두산을 기준으로 두 개의 강이 흐르고 있다. 위로 흐르는 강을 두만강으로 부르고 있다. 아래로 흐르는 강을 압록강으로 부르고 있다.

백두산을 기준으로 두 개의 강이 흐른다고 하여 이

지역은 량강도(兩江道)로 불리고 있다.

북한이탈주민 중에는 량강도와 관련해서 이런 말을 하기도 한다.

량강도는 살기 척박한 곳이다. 그래서 타지 사람이 량강도에 가면 양쪽에서 뜯어 먹는 곳이 량강도다. 그래서 붙여진 이름이 량강도라고 얘기를 한다.

믿거나 말거나.

1954년 10월 행정개편으로 신설된 량강도는 현재의 골격을 이루고 있다. 이때, 북한은 '황해도'도 황해북 도와 황해남도로 분리시켰다.

# 특별한 도시들

북한에는 3개의 특별한 도시가 있다.

평양직할시

라선특별시

남포특별시

평양은 '평양특별시'가 아니라 '평양직할시'다. 참고로 북한에서는 직할시가 최상의 급이다.

북한과 관련해서 공부를 했다면, 개성을 직할시로 알고 있을 수 있다. 1955년부터 2003년까지 개성은 직할시였다. 이후 개성은 '개성 특급시'로 하향 조정됐다.

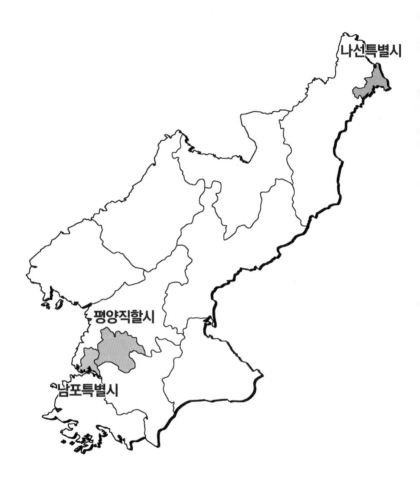

나선특별시

평양직할시

남포특별시

북한에서 특급시는 직할시보다 한 등급 낮다.

혹자들은 '특급시'라고 하면 굉장히 특별한 의미가 있는 도시라고 생각하는 경우가 있다. 속된 말로 등급이 엄청 높은 시라고 생각한다.

결론부터 말하겠다.
아니다.

북한에서 특급시는 직할시보다는 작다. 하지만 보통의 일반 시보다 크다.

북한에서 특급시는 관할 도에서 관리하며, 노동당 도당 위원장이 관할하고 있다. 개성특급시의 경우 황해북도에서 관리하며, 황해북도 도당위원장이 관할하고 있다.

온성

새별(경원)

은덕(경흥)

◎ 회령

□ 나선

무산

나선특별시

○ 부령

함경북도

연사

□ 청진

경성 ○

어랑 ○

○ 화성(명간)

○ 명천

길주 ○

○ 화대

◎ 김책(성진)

# 아오지

라선특별시 옆에는 대한민국 국민이면 누구나 알고 있는 아오지가 있다. 아오지는 탄광으로 유명한 지역이며, 함경북도 북단인 은덕군에 위치하고 있다.

아오지 탄광의 유래는 일제 강점기로 거슬러 올라간다. 1930년대 열악한 환경에서 석탄 채굴 작업을 강행하다 보니 갱이 빈번하게 무너지는 사고가 발생하면서 안 좋은 인식이 생겼다.

이후 북한의 유명한 정치범수용소가 이곳에 생겼다. 정치범이나 각종 중범죄자들이 이곳 탄광에서 탄을 캤다. 우리 사회에서 '아오지'는 정치범 수용소의 대

명사가 됐다.

그래서일까?

우리사회에서는 무슨 일이든 잘못하면 '아오지'로 끌려간다는 말이 유행했었다.

1945년 8월 15일 광복 당시에 아오지의 행정구역은 함경북도 경흥군 아오지읍이었다.

1981년 북한 당국은 '아오지'를 '학송리'로 명칭을 바꾸면서 북한에는 더 이상 '아오지'라는 지역은 찾을 수 없다.

# 아오지 탄광

북한에서 아오지 탄광은 꽤 괜찮은 탄광 중에 하나
라는 점이다.

의외다.

아오지 탄광에서 탄을 캐는 직업은 힘들고 고된 일
이다. 그렇다고 하여 단점만 있는 것은 아니다.

힘든 일을 하는 만큼 가장 많은 급여를 받을 수 있는
직업이기도 하다. 경제적으로 일정정도 보상을 받을
수 있다는 점에서 장점이 있다.

물론, 북한 청년들은 탄부를 선호하지 않는다.

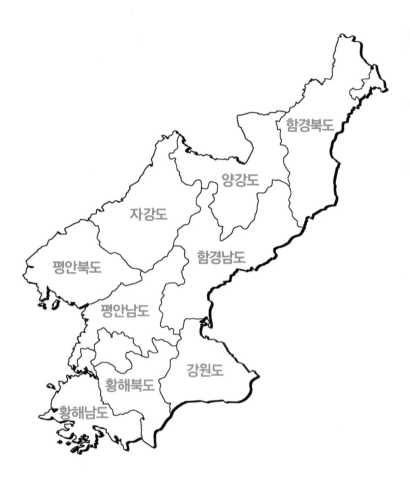

# 북한의 9개 도(道)

평안남도, 평안북도

함경남도, 함경북도

황해남도, 황해북도

강원도

자강도

량강도

북한에는 총 9개의 도(道)가 있다.

북한에 몇 개의 도가 있는지 모르는 북한 전문가들이 상당히 많다는 점은 놀라운 일이다. 그러니까 우리라도 상식으로 알아두자.

# 행정구역 개편과 한글 지명

북한은 행정구역을 개편하면서 지명도 예전과 비교해 많이 바꿨다. 북한이 지명을 바꾸면서 우리 말, 한글화 작업을 했다.

예를 들자면, 신촌(新村)이라는 지명 대신 '새 마을'로 바꿨다.
연지(蓮池)동을 '연못동'으로 개칭했다.

평양시에는 연못동, 붉은거리동, 새마을동, 새살림동, 긴골리, 긴마을동 등과 같은 새로운 이름의 지명이 등장했다.

그렇다면 북한은 왜 이렇게 지역 이름을 바꿨을까?

1953년 7월 27일 한반도에 휴전협정이 조인되면서 한국전쟁이 일시적으로 중단됐다. 전쟁이 중단됨에 따라 북한은 국가를 재건하는데 노력을 기울였다. 따라서 북한의 지명 변경 사업은 새로운 국가 건설이라는 분위기를 사회적으로 형성하기 위해 추진한 것으로 보인다.

새로운 국가 건설에 매진할 수 있는 매개체가 바로 행정구역 개편 사업이었던 것이다.

북한은 행정구역 개편 사업을 '낡은 사회의 유물'을 청산하고, '민족적 자존심'을 지켜나가는 사업으로 강조했다.

그 결과는?

과일군

황해남도

국가 차원에서 추진했으니 당연히 많이 바뀌었다.

약 4,700개의 행정구역 명칭을 단번에 바꿨다.

산과 강, 골, 벌(평야) 등의 지명도 우리말로 바꿔 부르게 했다.

함경북도에는 경성군과 경흥군이 있다. 경성군은 '새별군'으로 경흥군은 '은덕군'으로 지명을 바꿨다.

황해남도에는 '과일군'이 신설됐다.

여기서 과일군은 우리가 알고 있는 과일을 의미한다.

황해남도 과일군에는 과일이 많이 나올까?

그렇다.

북한 최대 규모의 사과 협동농장이 과일군에 있다.

북한에서 과일이 가장 많이 생산되는 곳이 과일군이고, 큰 규모의 과수종합농장이 과일군에 있다.

과일군은 해마다 첫물과일이 생산되면 평양으로 보
낸다.

# 유명한 사람의 이름을 딴 지명

최근 우리 사회에는 유명인의 이름을 딴 거리나 길이 확대되고 있는 추세다. 수원역 인근에는 '박지성 도로'가 있고, 강원도 양구에 가면 '소지섭 길'이 있다. 이 밖에도 상당히 많은 것으로 알고 있다.

북한은 어떨까?
북한에도 유명한 사람이 많다. '김정숙'이라는 인물은 김정은 국무위원장의 할머니다. 북한에서 김정숙은 우리로 치면 신사임당에 해당하는 인물이다.

북한의 여성을 대표하는 인물이 바로 김정숙이며, 량강도에 김정숙군이 있다.

삼지연　　대홍단

보천

백암

김형직(후창)

혜산

김정숙(신파)　삼수

운흥

양강도

갑산

풍서

김형권(풍산)

**김형직**　　**김정숙**

'김책'이라는 인물은 김일성 주석이 빨치산 동료 중에서 특별한 대우를 할 정도로 각별한 사이였다. 한국전쟁 당시에 심장마비로 사망한 것으로 알려진 김책은 현재도 북한 사회에서 예우를 받는 인물 중 한명이다. 함경북도에 김책시가 있다.

북한에서는 항일혁명투사인 '안길'이라는 인물을 높이 평가하고 있다. 그래서 '안길'의 고향인 함경북도 은덕군에 있는 장안리를 '안길리'로 개칭했다.

이밖에도 김재원의 이름을 딴 '김재원리' 등이 있으며, 인명을 딴 행정구역은 늘어가고 있는 추세다.

# 노동자구

북한 행정구역에는 '노동자구'가 있다. 이름이 노동자구라서 그런지 노동자들이 많이 사는 구역 같은 느낌이 든다.

느낌은 통하는 법이다.
그렇다. 노동자구에는 대부분 노동자들이 거주하고 있다.

'노동자구'의 최소 인구는 성인을 기준으로 400명 이상이 거주해야 한다. 여기에 하나 더 필요한 것이 공장 근로자나 광부 또는 어부, 또는 임산업에 종사하는 비율이 400명 중에서 65% 이상이어야 '노동자구'

로 구성될 수 있다.

북한의 행정구역이 당 중앙이 자의적으로 지시하는 형식인 줄 알았는데, 기준이 있다는 사실에 살짝 놀랐다.

'노동자구'는 군 아래의 행정단위다.

광산, 임산사업소, 공장기업소 등이 생겨나면서 노동 자들이 집중되어 있는 지역이다. 약 250여 개 정도 있다.

1952년 북한은 '공업의 합리적 배치'를 위해 행정구역 체계를 3단계로 개편하면서 만든 최소 행정구역이다.

룡강온탕원

# 온천

1980년대까지만 하더라도 우리나라에서 수안보나 온양온천과 같은 온천관광은 최고의 여행이었다. 미국의 호놀룰루는 몰라도 부곡 하와이는 모르는 사람이 없었던 시절이 있다.

부의 상징으로 아무나 갈 수 없는 곳이 바로 온천여행이었다. 그러나 2020년 현재 부곡 하와이는 존재하지 않는다. 역사의 뒤안길로 사라진지 오래됐다.

대한민국에서 온천 여행의 인기가 사그라든 가장 큰 원인이 1989년 해외여행의 자유화다. 대한민국에서 해외여행이 본격화된 것은 30년이 채 안 됐다.

북한 사회에서 해외여행을 할 수 있는 사람은 극히 드물다. 우리 사회하고 다르다. 물론, 방금 언급한 사실은 누구나 알고 있다.

그래서일까?
1989년 해외여행 자유화 이전의 한국 상황과 매우 유사하다. 북한에서는 온천의 인기가 대단하다.

북한에는 이름난 온천과 약수가 많다. 무엇보다도 북한 당국은 온천과 약수를 특별하게 관리하고 있다. 심지어 특별하다고 생각하는 온천과 약수는 천연기념물로 지정하고 있다.

천연기념물로 지정하는 기준은 경관적으로나, 풍취적으로 의의가 있어야 한다. 천연기념물에는 호수와 폭포, 명승지와 함께 온천, 약수도 포함되는 것이 특징이다.

온천을 개발해서 대중용으로 활용하고 있는데 북한에서는 온천탕을 '온탕원'으로 부르고 있다.

북한의 대표적인 온천탕은 '룡강온탕원'이다.

'룡강온탕원'은 평안북도 온천군에 있다. 북한이 광고하고 있는 시설은 깨끗한 것으로 포장해서 대외적으로 광고하고 있다. 이 온천의 시설물을 직접 이용한 관광객의 인터넷 후기를 보면 생각보다 좋은 것 같아 보이진 않는다.

대한민국 국민이라는 이유로 북한 여행을 할 수가 없다. 그래서 지금 당장 광고와 실제의 차이를 직접 확인할 수 없다. 하지만 언젠가는 확인할 수 있는 기회가 오지 않을까 살짝 기대를 해본다.

# 온천치료로 유명한 곳

앞에서 언급했듯이 북한의 모든 온천은 국가가 소유
하고 있다. 참고로 온천은 함경북도와 황해도 지역에
많다.

함경북도에는 경성온천, 주을온천, 팔담온천, 온포온
천이 있다.
황해남도에는 옹진온천과 달천온천이 있다.
평안남도에는 석탕온천과 용강온천이 있다.

온천의 개념은 남과 북이 약간 다르다. 남한에서 온
천은 휴양의 개념이 강한 반면, 북한은 그렇지 않다.

북한은 온천을 치료용으로 활용하고 있다.

온천을 이용한 치료는 단기간보다는 30~40일 정도
시간을 두고 집중적으로 이뤄지고 있다.

함경북도의 경성온천과 팔담온천은 동맥경화와 십
이지장궤양, 호흡기질병, 국강질병 등에 특효가 있다
고 한다.

황해남도의 옹진온천과 달천온천은 염소와 나트륨
성분이 많아 류머티즘 관절염, 고혈압, 신경통 계통
의 치료에 도움이 된다고 한다.

평안남도의 석탕온천은 피부병, 부인병 치료로 널리
이용되고 있다고 한다.

미세먼지가 심한 요즘은 호흡기 질병에 좋다는 함경
북도의 온천에 가보고 싶은 생각이 약간 있다.

# 선물 — 양덕지구의 별천지

## 말과 글에는 다 담을수 없는 황홀경

## 신비롭고 매혹적인 양덕온천의 치료

### 흰눈우에는 스키무로, 소나무아래에는 온천

**단상**

**용출구**

본사기자　백성근
사진 본사기자

# 평안남도 양덕온천

'양덕온천'은 김정은 체제 들어 북한의 대표적인 휴양지로 개발됐다.

양덕온천지구는 원산갈마해안관광지구, 삼지연시와 함께 김정은 국무위원장의 3대 관광사업지로 선전하는 곳이다.

향후 남북교류협력이 재개되면 북한 관광으로 새롭게 갈 수 있는 지역이 바로 양덕온천이다. 북한과 관련한 사업에 관심이 많은 사람들은 이곳에 관심을 둘 필요가 있다.

칠보산

# 칠보산

북한에 유명한 산이 몇 개 있다. 그중에 하나가 바로 칠보산이다. 칠보산은 6대 명산의 하나로 알려졌다.

폭포와 기암괴석으로 이루어진 명승지다. 일곱 가지 색을 내는 무지개와 같다고 해서 칠보산이라는 이름이 붙었다.

칠보산은 북서쪽이 높고, 동남쪽이 낮은 지형이다. 북서쪽이 높다는 것은 북서쪽에서 불어오는 찬바람을 막아주는 순기능을 하고 있다.

칠보산은 해안가에 있어서 상대적으로 기온이 높다.

북서쪽의 찬바람이 해양성 기후와 만나면서 습한 기후를 만든다. 그래서 칠보산에는 안개가 자주 낀다. 버섯은 안개가 자주 끼는 곳에서 잘 자란다. 따라서 안개가 많은 칠보산은 버섯이 자라는데 유리한 기후 조건인 것은 분명하다.

칠보산의 기암괴석은 100만 년 전에 백두산에서 분출한 용암이 식으면서 생겨났다. 칠보산은 화산지형으로 토양이 버섯재배에 적합한 지형이다.

송이버섯이 자라기 위한 소나무가 많아야 하는데, 칠보산은 울창한 소나무 지대로 최적의 조건을 갖추고 있다.

# 칠보산의 설화

칠보산은 우리나라에도 있다. 참고로 이름만 같은 산들이다. 가끔 헷갈린다는 말을 종종 듣기에 언급했다. 북한을 말할 때, 칠보산은 함경북도에 위치한 산을 말한다.

북한의 칠보산은 예로부터 '금, 은, 유리, 진주, 산호 등 7가지 보물이 묻혀있다'고 한다. 그래서 붙여진 이름이 '칠보(七寶)'다.

사실 여부를 확인한 결과, 아직까지 보물을 찾은 사람은 없다.

송이버섯 Pine Mushroom

송이버섯 *Tricholoma matsutake*

조선우표 주체106(2017) DPR KOREA 70원

# 칠보산 송이버섯

칠보산은 자연경관도 아름답지만 송이버섯으로도
유명하다.

2018년 김정은 국무위원장이 남북정상회담 선물로
송이버섯을 보냈다. 북한에서 보낸 송이버섯의 양이
상당한 것으로 아는데 주변에 받은 사람은 아직 없다.

우리나라에서 생산된 송이버섯은 비싸서 사실 거의
먹어보질 못했다. 그래서 칠보산 송이버섯을 저렴하
게 구매할 수 있다면, 사서 먹어볼 의향은 있다.

그러면 칠보산 송이버섯이 어떤지 궁금하다.

북한에서 칠보산 송이버섯은 세계적인 특산품이다. 칠보산 송이버섯은 윤택이 나고 진한 밤색을 띤다.

십쇄는 북한산 송이버섯을 직접 먹어보진 못해서 알 수는 없었다. 하지만 안티구라다는 많이 먹었다. 안티구라다는 송이버섯의 질은 남한과 비교해 큰 차이를 느끼지 못했다고 한다. 이는 주관적인 의견이라서 지금부터 북한 당국이 설명하는 칠보산의 송이버섯을 그대로 나열하겠다.

송이버섯은 둥근 모양의 갓과 버섯대로 이루어졌다. 갓의 크기는 8~20센티인데, 큰 것은 30센티까지 자란다. 버섯대는 지름이 1.5센티에서 3센티 정도이고 크기는 10~30센티 정도다.

맛과 향기가 매우 독특하고, 영양가도 높아서 다른 지역에서 생산되는 송이버섯과는 차이가 있다.

레알?

신뢰하기 어렵지만, 나름의 특별한 이유가 있다. 칠
보산은 송이버섯 생장에 최적의 조건을 갖추고 있기
에 가능하다는 말이다.

백두산

칠보산

묘향산

약산

금강산

# 백두산

2019년 12월 19일 하정우 주연의 영화 〈백두산〉이 개봉됐다. 이 영화를 보면 백두산에 폭발이 발생하는데, 진짜 백두산이 터지는 것은 아닌지 걱정된다. 영화는 영화일 뿐이라는 생각을 하지만, 아무래도 꺼림하다.

백두산은 '조종의 산'이다. 그래서 북한은 산중의 산, 산의 시조, 산의 조상, 산의 중심, 중앙이라는 의미로 백두산을 부르고 있다.

한마디로 백두산은 어머니산과 같은 존재다.

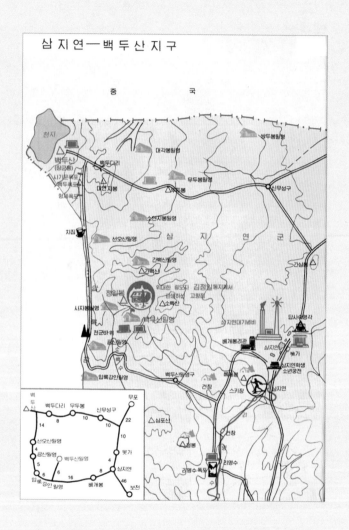

# 삼 지 연 ― 백 두 산 지 구

중          국

천지

백두산
(장군봉)
시기문폭포
백두밀포
형제폭포

자집

백두다리

대각봉밀영

쌍두봉밀영

무두봉밀영

무두봉

신무성구

대연지봉

소연지봉밀영

선오산밀영

간벽산밀영

간벽산

삼     지     연     군

정일봉

사지봉밀영

전군바위

위대한 령도자 김정일동지께서
탄생하신 고향집

소백산

간삼봉

백운소밀영

공지밀영

압록강안밀영

백두산밀영구

삼지연대기념비

베개봉려관

답사숙영각

삼지연

삼지연학생
소년궁전

베개봉

건창

삼포산

스키장

삼지연

리명

건창

삼봉

리명수폭포

리명수

백두산
△

백두다리

무두봉

신무성구

무포

14

8

10

10

22

선오산밀영

4

10

금산밀영

백두산밀영

못기

5

4

6

압록강안밀영

16

8

삼지연

6

베개봉

46

보천

66

# 장백산

북한에는 노래 〈애국가〉만큼 유명한 곡이 있다. 노래 〈김일성 장군의 노래〉다. 북한이탈주민 중에는 노래 〈애국가〉는 몰라도, 노래 〈김일성 장군의 노래〉는 모르는 사람이 없을 정도다. 그만큼 북한에서는 남녀노소 무조건 부르는 노래다.

노래 〈김일성 장군의 노래〉의 가사를 보면 "장백산 줄기줄기…"라는 문구가 나온다. 여기서 말한 장백산이 바로 백두산이다. 노래를 통해 알 수 있듯이 북한은 백두산을 장백산이라고도 부른다.

참고로 대한민국 사회에서 노래 〈김일성 장군의 노

래〉와 노래 〈김정일 장군의 노래〉를 부르면 안 된다. 이 노래가 무엇인지 알고 부르면 더 큰 문제고, 모르고 불러도 큰 문제다. 그러니 방금 언급한 두 노래는 절대로 부르면 안 된다. 이 책을 읽는 독자들이 국가 보안법을 위반하는 사람이 되면 안 되기 때문에 거듭 강조해서 적었다.

본론으로 돌아와서 북한에서 백두산은 '혁명의 성산' 으로 불린다. 한마디로 북한에서 최고의 성지는 바로 백두산이다.

백두산을 가본 사람들은 안다. 여름에도 눈을 볼 수 있는 곳이 백두산이다. 그래서 사시사철 흰 눈과 얼음을 볼 수 있다.

영화 〈백두산〉에도 나오지만, 백두산은 화산 활동의 결과로 이루어진 산이다. 여러 차례 화산활동이 있었다.

지금의 지형은 약 백만 년 전의 화산 분출로 이루어
졌다고 한다. 만약에 영화 〈백두산〉처럼 화산 폭발
이 일어난다면, 지구상에서 일어난 폭발 중에서 역대
급이라고 한다.

정말로 백두산에서 폭발이 일어나면 그냥 다 죽는다
고 생각하니 아찔하다.
걱정이다.
이 말을 지인들에게 했으니, 참으로 걱정할 것도 없
다고들 한다.

# 백두산의 행정구역

이 책을 처음부터 본 독자들은 알고 있다. 백두산이 있는 곳이 '량강도'라는 것 정도는 기본으로 숙지하고 있다.

백두산은 산이 높고, 물이 깊은 산이다. 그래서일까? 북한은 백두산을 혁명전적지가 있는 곳으로 설명하고 있다.

백두산에는 김일성의 혁명 활동 유적지가 있다. 대표적인 것이 '사령부귀틀집'이다. 1939년 9월에 지어졌다고 설명하고 있다.

사령부귀틀집은 조선 혁명의 거점으로 불린다. 방은 큰방과 작은방이 있는데, 큰방은 김일성이 근무하던 방이고, 작은 방 전령병의 방이다.

사령부귀틀집에는 백두산 3대 장군이라는 김일성, 김정일, 김정숙의 사진이 있다. 보천보 전투 때 입었던 코트와 김정숙이 사용했던 주전자와 컵도 있다. 김정일 국방위원장이 태어났다는 귀틀집도 있다.

김정일 국방위원장은 러시아 블라디보스톡에서 태어난 것으로 알려져 있다. 그러나 북한에서는 백두산에 있는 정일봉에서 태어난 것으로 선전하고 있다.

출생의 비밀을 알아가는 과정이 아침드라마를 보는 것처럼 참으로 복잡하다는 생각이 불연 듯 들었다.

# 삼지연

행정구역으로는 량강도 삼지연시다. 2019년 12월 삼지연군에서 삼지연시로 승격됐다.

삼지연시에는 백두산이 있다. 북한에서는 혁명의 성지로 불리는 곳이다. 그래서인지 북한은 삼지연을 가장 중요한 혁명전적지로 소개하고 있다. '혁명 전적'이라는 말은 전투가 있었던 곳을 기념하는 곳이다.

'보천보 전투'

우리에게는 '보천보전자악단'이 많이 알려져 있지만, 북한에서는 '보천보 전투'가 더 유명하다. 보천보 전투는 1937년 6월 4일 김일성의 부대가 보천보 일대의 일제를 몰아낸 전투를 말한다. 당시의 '보천보리'는 함경남도에 속해 있었으나 현재는 량강도 삼지연시에 있다.

북한은 삼지연시를 '천금을 주고도 살 수 없는 혁명의 재보'며, '혁명전통으로 교양시키는 교양거점'으로 강조하고 있다.

삼지연은 김일성 주석, 김정일 국방위원장과 관련하여 혁명전적지와 혁명사적지가 있다. 참고로 김정일 국방위원장의 탄생을 기념하는 동상이 있는데, 북한에서는 군(郡) 단위에서는 가장 먼저 세웠다.

북한에서 삼지연을 중요한 혁명거점이다. 하지만 외진 곳이다. 실제로 삼지연시는 '백두산 아래 첫동네'로 불릴 정도로 살기에 척박한 곳이다.

한마디로 북한에서 삼지연은 성스러운 곳이지만, 개발이 안 된 지역이다.

굉장히 낙후한 곳이 바로 삼지연시다.

그러나 김정일 시대부터 개발의 붐이 일어난 곳이 삼지연이다. 김정은 시대 들어 삼지연은 동계스포츠의 메카, 동계 휴양지로 도약하고 있다. 최근 삼지연을 다녀온 사람들에 따르면 천지개벽이 일어났다고 한다.

삼지연공항에 착륙한 고려항공여객기

# 삼지연 공항

북한에서 백두산을 가려면 삼지연공항에서 차로 이동해야 한다.

고려항공의 정기항로인 평양 순안공항에서 삼지연공항까지 1시간 정도 비행기로 이동하는 것이 일반적이다. 북한의 국적기인 고려항공의 국내 정기항로노선으로는 삼지연(량강도), 어랑(함경북도), 선덕(함경남도) 등이 있다.

삼지연 공항은 백두산으로 가는 길목에 있다. 공항이니까 비행기 이착륙이 가능하지만 겨울철에는 이용이 제한된다. 활주로도 짧고 눈이 많이 내려서 안전상 한시적으로 중단하고 있다.

2018년 3차 남북정상회담 때, 문재인 대통령이 삼지연공항을 이용해 백두산 정상에 올랐다.

서울에서 평양으로 갈 때는 공군 1호기에 탑승했지만, 평양 순안공항에서 삼지연공항으로 이동할 때는 공군 2호기를 이용했다. 앞에서도 언급했듯, 삼지연공항의 활주로가 짧기 때문이다.

# 2. 교육

선전화 《12년제의무교육제도가 커다란 은이 나게 하자!》 김우진

# 북한의 학제 개편

북한은 공식적으로 총 6번의 학제 개편을 했다. 교육은 100년지 대계라고 했던데, 남과 북은 수시로 교육과 관련해 개편을 하고 있다. 교육과 관련해 갈피를 못 잡는 것은 남이나 북이나 매한가지 같은 느낌이 든다. 가장 최근에 이루어진 북한의 학제 개편은 김정은 시대에 이루어졌다.

2012년 9월 25일 12년제 학제 개편을 단행하여, 2013년부터 12년제 의무교육을 실시하고 있다.

기존 11년에서 의무교육을 1년 늘렸다. 늘어난 1년은 소학교 과정으로 4년에서 5년으로 늘렸다.

이쯤 정리를 한 번 해야 한다.

북한의 12년은 이렇다.

유치원 높은반 1년, 소학교 5년, 초급중학교 3년, 고급중학교 3년으로 총 12년이다.

## 교육개혁은 진행형

김정은 체제에서 가장 강조하는 사회 분야는 교육이다. 특히 과학기술 교육에 모든 역량을 집중하고 있다. 한마디로 과학기술 교육에 올인하고 있다고 보면 된다.

2012년 12년제로 개편한 이래로 매년 신년사에서도 교육은 빠짐없이 등장하고 있다.

"사회주의 건설에서 대비약을 일으키기 위한 우리의 주되는 전략적 자원이고 무기"가 바로 인재와 과학기술이므로, "교육 세계적 교육발전 추세와 교육학적 요구에 맞는 교수 내용과 방법을 혁신"을 요구하고 있다.

# 학생들의 조직생활

'북한 학생들은 조직생활을 한다' 선택의 개념이 아니다. 의무의 개념으로 이해하면 된다. 북한에서 학생들은 좋든, 싫든 모두가 조직생활을 하고 있다.

만 7세가 되면 '소년단'에 가입을 한다. 자동적으로 가입이 되는 시스템이다. 14세부터는 '김일성-김정일주의청년동맹'에 가입이 된다. 청년동맹원으로 조직 활동을 하게 된다.

이것이 바로 북한 학생들의 조직생활이다. 개인보다는 국가가 우선하는 사회가 바로 북한이다. 북한에서 조직 생활은 당연한 윤리이자 의무인 것이다.

물론, 우리 사회에서는 이해하기 힘든 얘기다. 아무리 설명해도 이해할 수 없는 것이 북한 사회다. 그럴 때는 그냥 '북한은 저렇게 살고 있구나'라고 생각해도 무방하다.

## 조직생활을 거부합니다

초등학교나 중학교를 가면, 학교생활을 잘 하는 학생이 있는 반면에 적응을 잘 못하는 학생이 있다. 선생님 말씀에 잘 따르는 학생이 있는 반면에 그렇지 않은 학생들도 있다. 학생들을 한마디로 표현하거나 정형화하기 어렵다.

북한의 학생들은 어떨까? 북한도 우리 사회하고 비슷하다고 보면 된다.
의외로 북한에도 불량학생이 있다.

북한도 모든 학생들이 조직 생활을 잘하는 것은 아니다. 조직생활을 잘하는 학생이 있는 반면, 그렇지 않은 학생들이 있다.

아침 등굣길에 학교로 바로 가지 않는 학생이 있기도 하고, 지각을 하는 학생도 있다. 학교 수업에 빈번하게 불참해서 조직의 비판을 받는 학생도 있다. 결석이 반복되면 사상투쟁무대에 서게 되는데 이런 학생들이 간혹 있다.

북한에서 사상투쟁무대는 학생 전체가 모인 자리에서 문제가 되는 학생을 세워놓고, 전체가 그 학생을 비판하는 형식으로 이뤄진다. 조직을 중시하는 북한에서는 상당히 큰 징벌이다.

어쩌면 심한 징벌에 해당하는 사상투쟁을 하면 대부분 행동에 변화를 보인다. 그럼에도 불구하고 변화된 모습을 보이지 않는 학생들이 있기 마련이다. 그렇게 되면 불량청소년으로 낙인이 찍히게 된다. 북한에서 불량학생으로 낙인 찍히면 대학입학이나 군 입대를 할 때 불이익을 받는다.

반대로 조직 생활을 잘하거나, 선생님 말씀을 잘 따르고, 열심히 공부하는 학생들은 취업이나 대학 입학을 할 때 상대적으로 유리하다.

원만한 조직 생활을 하게 되면 출세에 도움이 되지만, 조직 생활을 게을리 하면 상대적으로 불이익을 받게 된다. 따라서 북한 사회에서 조직 생활은 모든 학생들이 반드시 해야 하는 의무지만 또 다른 기회의 장인 것이다.

북한의 중고등학교 교재

# 영재교육

북한 교육은 평등이 기본 원칙이다. 하지만 영재교육도 체계적으로 이루어지고 있다. 평등을 지향하는 국가인 북한이 교육에 있어서 형평성에 어긋나는 영재교육을 한다니까 이상하게 느껴진다.

북한은 재능이 있는 영재를 선발하고, 집중적인 교육을 통해 인재로 키워낸다.

예술, 체육, 과학기술, 정보통신 등의 분야에 집중적인 투자를 하고 있다.
과외도 이 분야에 집중되고 있다.

북한은 제한된 자원을 효율적으로 활용하는 방식으로 영재 교육을 활용한다고 설명하고 있다. 하지만 실제 꼭 그렇게 아름답게 추진되는 것은 아니다.

현재 평양에서는 영재 교육이 기득권층에 집중되고 있다고 한다.

북한도 교육의 양극화가 심화되고 있는 추세다.

평양제1중학교

# 평양제1중학교

평양의 대표적인 영재학교로 평양제1중학교가 있다. 우리나라의 과학고등학교가 여기에 해당한다.

북한에서 '제1중학교'는 각 도별로 1개의 학교가 있다. 평양은 예외로 몇 개의 학교가 있다. '평양제1중학교', '모란봉 제1중학교', '창덕 학교' 등이 있다.

북한에서 '제1중학교'를 다니는 학생을 거리에서 보게 된다면 우수한 학생이라고 생각하면 된다. 일반적으로 '제1중학교'를 졸업하면 김일성종합대학이나 김책공업종합대학에 입학을 한다.

평양 창덕학교

# 평양 창덕학교

평양 창덕학교는 '제1중학교'가 아니다. 그럼에도 불구하고 명문학교로 인정받고 있다.

북한은 창덕학교를 "김일성 주석의 외할아버지인 강돈욱이 설립한 학교며, 김일성 주석이 공부를 했던 학교"로 설명을 하고 있다. 이쯤 되면 북한에서 유명한 학교라고 불러도 될 정도다.

김일성 주석이 다녔던 학교인 만큼, 교직원을 비롯한 학생들은 소속감과 자부심이 상당하다. 그래서일까? 북한의 우수한 인재들이 많이 모이는 학교다.

# 수업 분위기

북한의 수업 분위기는 엄숙하고 진지하다. 1980년대의 우리나라의 수업 분위기하고 비슷하다.

교사의 권위가 상당히 높은 것이 특징이다. 선생님이 말씀하실 때는 학생들이 조용히 듣는다. 북한에서는 감히 선생님에게 대드는 학생을 볼 수 없다. 거의 찾기 어렵다.

물론, 수업시간에 학생들끼리 장난도 치고, 졸기도 하고, 떠들기도 한다. 하지만 선생님의 말씀이면 학생들이 껌뻑 죽는다.

평양교원대학교 교복

북한 소학교 교복

# 교복

북한에서 학생들은 교복을 입는다. 교복은 반드시 입어야 한다. 한마디로 의무다. 심지어 학교별로 교복이 다른 것이 아니다. 교복은 다 똑같다.

교복은 국가가 1년에 두 번씩 배급하고 있으며, 동복은 3년에 한 번씩 배급한다. 그러나 북한의 교복 배급 사정이 원활하지 못해서 장마당(시장)에서 구입해 입는 경우가 많다.

등하교시 복장이 불량하면, 벌칙으로 남아서 청소를 한다. 1990년대 학교를 다녔던 사람들에게는 익숙한 처벌이다.

# 재수와 삼수 그리고 장수

북한에는 재수생이 없다. 공식적으로 재수생은 존재
하지 않는다. 대학입학에 실패하면 협동농장이나 직
장에 취업을 하거나 군대에 입대해야 하기 때문이다.

일생에 단 한 번만 대학입학시험을 본다면, 억울한
사람이 생길 수 있기 마련이다.

그래서일까?

군대나 직장에서 일정 기간 근무를 성실하게 하면 추
천의 기회가 있다. 추천을 받아서 대학입학 시험에
응시할 수 있는 자격이 주어지도 한다.

복학생과 직통생의 대화

# 복학생

우리나라에서는 고등학생이 졸업을 하면, 대부분 대학에 진학을 한다. 대학 진학률이 70% 정도로 상당히 높다. 반면, 북한에서는 고등학교를 졸업하고 바로 대학에 입학을 하는 비율이 약 30% 정도다. 우리나라와 비교해 상당히 낮은 편이다.

물론, 북한의 대학 진학률과 관련해서는 10~20% 정도로 추측하는 자료도 있다. 북한과 관련한 통계자료가 조사기관마다 다른 것은 이와 관련한 자료를 북한이 발표하지 않고 있기 때문이다. 또한 조사기관들이 북한에서 직접 조사를 한 것이 아니기 때문에 기관별로 상이한 결과가 나오고 있다.

아무튼 우리나라와 비교해 북한은 대학에 입학하는
비율이 확실히 낮다.

고등중학교(우리의 고등학교)를 졸업하고 바로 대학
에 들어가는 학생을 북한에서는 '직통생'으로 부르고
있다.

군대나 사회생활을 하다가 추천을 받아 대학에 입학
하는 학생을 '복학생'으로 부르고 있다.

우리나라에서는 대학을 입학한 뒤에 군대를 갔다 온
학생을 '복학생'으로 부르지만, 북한은 군복무를 마
친 뒤에 뒤늦게 대학에 입학한 사람들을 '복학생'으
로 부르고 있다.

# 직통생과 복학생의 입학기준

사회에서는 시간이 참으로 빨리 흐를지 몰라도, 군대에서는 시간이 안 간다. 그래서 군 복무 기간은 참으로 길게 느껴진다. 2020년 육군을 기준으로 군 복무 기간이 18개월로 축소가 됐다. (참고로 안티구라다와 십쇄는 예비역이다.)

북한에서 군 복무 기간은 우리나라처럼 정책에 따라 늘었다가 줄어다를 반복하고 있다.

2014년에는 기존의 10년에서 11년으로 늘렸다. 2016년에는 복무기간을 다시 축소시켰다. 북한은 군 복무 기간은 통상 10년 정도로 보면 된다.

우리나라와 비교가 안 될 정도로 군 복무 기간이 길다. 북한에서는 군 복무 기간이 길다보니 '직통생'과 '복학생'의 대학입학 기준이 다르다.

군 복무를 마친 제대 군인이나 노동자들의 대학입학 기준 점수는 '직통생'과 비교해 낮다. 반면에 '직통생'의 경우에는 입학 기준이 상당히 높은 편이다.

출발선이 다르기 때문에 차등을 두는 것인가?

# 유학

북한에서도 유학을 간다.

쉽지는 않다.

유학을 가기 위해서는 절차가 복잡하다.

학생의 성적도 중요하다. 하지만 출신성분도 좋아야

한다.

현실적으로 유학생으로 선발된다는 것, 그 자체가 남

들과 다르다는 상징이다.

유학생에 선발이 되면 출세할 수 있는 기회의 폭이

보다 넓어지기 때문에 학생들은 유학생으로 선발되

고자 노력을 한다.

북한의 외국어 관련 교재

# 외국어

북한에서 가장 중요한 외국어는 뭘까?

'러시아어'
'영어'
'중국어'
'일본어'

북한에서 '러시아어'가 인기 있다. 같은 사회주의권
국가라서 선호하는 것 같다는 생각이 든다.
그러나 아이러니하게도 북한은 철천지원수의 나라
인 미국에서 쓰는 언어인 영어를 가르치고 있으며,
영어를 배우려는 학생들도 많다.

참고로 북한은 영어를 '영국의 언어'로 가르치고 있다. 그래서 북한의 학생들은 영어를 미국의 언어가 아닌 영국의 언어로 인식하고 있다.

# 특례입학

대학 입학에 가장 중요한 것은 성적이다. 성적 말고 특례 입학이라는 제도가 있다. 물론 북한에도 이러한 제도가 있다.

북한의 이색적인 특례입학을 소개하겠다.

성품이나 소질이 좋은 학생들을 대상으로 입학이 가능한 일종의 특례입학 제도가 있다.

북한은 지역별로 학력차를 인정하고 있다. 그래서 지역별로 합격 기준을 다르게 적용한 특례입학이 있다.

김일성종합대학 본관

# 김일성종합대학

우리나라에 넘사벽 대학이 있다면 단연 서울대학교다. 북한에도 넘사벽의 대학이 있다. 인문사회와 이공계가 있는 북한 유일의 종합대학이다.

'김일성종합대학'

평양시 대성구역 용남동 금성거리변에 있다. 북한 최고의 종합대학으로 김정일 국방위원장을 비롯하여 정무원 부부장(차관급)의 1/3 이상이 이 대학 출신이다. 우리나라는 종합대학교 내에 법대, 의대 등의 단과대학이 있지만 북한에서는 종합대학이라도 해도 단과대학 체제로 운영하지 않았다.

# 김일성종합대학 조직

1946년 7월 8일 북조선인민위원회 결정에 따라 10월 1일 '김일성종합대학'이 개교했다. 개교 당시에는 7개의 학부와 24개의 학과가 개설됐다. 교수 60명, 학생 수 1,500여 명으로 출발했고, 현재는 2,300여 명의 교원연구사가 있으며, 학생 수는 12,000여명 정도다.

김일성종합대학은 법률, 문학, 재정, 컴퓨터, 과학, 의학, 농업 등의 7개 단과대학이 개설돼 있다. 총 15개의 학부가 있으며, 약 60개의 학과가 있다.

학부는 크게 사회과학부와 자연과학부로 구분된다.

사회과학 계열에는 경제학부, 철학부, 역사학부, 법학부, 조선어문학부, 외국어문학부 등이 있다.

자연과학 계열에는 물리학부, 화학부, 핵물리학부, 수학부, 생물학부, 지리학부, 지질학부 등이 있다.

부속기관으로 역사연구소, 경제학연구소, 철학연구소 등 10여 개 연구소와 대학원 과정인 박사원 과정을 두고 있다.

# 북한의 유명한 대학

정치대학으로는 '금성정치대학', '김일성고급당학교'
가 있다.

금성정치대학은 근로단체 간부 양성기관이다.

1946년 11월 5일 평양에 설립됐다. 당시에는 민청중
앙학교로 개교했다가 사로청대학으로 이름을 바꿨
다. 이후 1974년 11월 1일 현재의 이름인 금성정치대
학으로 교명이 바뀌었다.

청년동맹과 근로단체 간부를 양성하는 정규과정과
현직간부를 위탁 교육하는 단기과정, 한 달 기간의

강습회 등의 과정을 운영하고 있다.

정규과정 다수의 학생들은 제대군인과 산업현장의 노동자 출신이다.

김일성고급당학교는 당 간부 재교육기관이다.

북한에서 실세라고 불리는 대다수의노동당 간부들이 '김일성고급당학교'를 거쳤다.

1946년 6월 1일 '북조선공산당 중앙당학교'로 개교했다. 1972년 4월 15일 김일성 주석 60회 생일을 기념해 현재의 이름인 '김일성고급당학교'로 개칭됐다. 평양시 동대원 구역에 있다.

1955년부터 3년제 기본반과 4년제 통신학부를 기본으로 운영하고 있다. 이 학교는 현직 당일군을 위한 '6개월 재직반'이나 '한 달 강습반'과 같은 단기 교육과정을 운영하고 있는 것이 특징이다.

김원균명칭 음악종합대학

# 김원균명칭 음악종합대학

1949년 3월 1일 내각결정에 따라 국립음악학교에서 출발했다. 1972년 2월 평양음악무용대학으로 개편돼 음악과 무용을 가르치는 전문교육기관으로 통합·운영됐다.

2004년 무용학부를 제외한 모든 학과가 5년제로 전환되면서 평양음악대학으로 독립했다.

2006년 6월, 현대적으로 새롭게 꾸민 교정으로 이전하면서 '평양음악대학'을 '김원균명칭 평양음악대학'으로 변경했다. 학교의 이름을 바꿀 수 있었던 것은 김정일 국방위원장이 음악대학 앞에 '김원균'을 붙일

것을 명령하면서 교명이 변경됐다.

'김원균명칭 음악종합대학'은 성악학부(6년), 민족기악학부, 양악학부, 작곡학부(5년)의 4개 학부 38개 학과 과정으로 구성돼 있다.

특설학부인 박사원(3년 6개월) 과정에 박사반, 학사반, 독연가반이 있다.

# 종합대학 개편

북한의 대학은 기능을 중심으로 분야별로 나누어져 있는 것이 특징이다.

건축대학, 기계대학, 철도대학, 상업대학, 농업대학, 교원대학, 음악대학, 미술대학, 약학대학, 의학대학, 리과대학 등의 방식이다.

김정은 시대들어 북한은 단과대학 중심의 체계에서 종합대학 중심으로 변화를 도모하고 있다.

'평양건설건대학'이 '평양건축종합대학'으로, '평양철도대학'이 '평양철도종합대학'을 거쳐 '평양

교통운수종합대학'으로,

'평양기계대학'이 '평양기계종합대학'으로,

'한덕수경공업대학'이 '한덕수평양경공업종합대학'
으로,

'장철구상업대학'이 '장철구상업종합대학'으로,

'원산농업대학'이 '원산농업종합대학'으로,

'김원균명칭 평양음악대학'이 '김원균명칭 음악종합
대학'으로,

'평양미술대학'이 '평양미술종합대학'으로,

'김일성군사대학'이 '김일성군사종합대학'으로 바뀌
었다.

# 김책공업종합대학

북한의 교육은 기본적으로 과학기술, 특히 IT 분야의 인력을 양성하는데 집중하고 있다.

북한 최고의 과학자, 기술자 양성 교육기관으로 '김책공업종합대학'이 있다. 우리나라의 카이스트나 포항공대가 여기에 비교될 만한 학교다.

1948년 9월에 개교한 김책공업종합대학은 함경북도 남부 동해안에 있는 '김책시'에 없다. 김책공업종합대학은 평양직할시 중구역 교구동에 있다.

북한 최고의 공과대학(김책공업종합대학)

# 3. 체육

# 북한의 인기 스포츠

우리나라의 4대 프로스포츠 리그로 야구, 축구, 농구, 배구가 있다.

프로스포츠 리그만 인기 있는 것이 아니다. 우리나라에는 세상에 존재하는 모든 스포츠 종목을 다 나열해야 할 정도로 인기 있는 스포츠 종목이 많다.

안티구라다와 십쇄의 학창시절을 기준으로 말하자면, 점심시간에 항상 축구를 했던 기억이 있다. 심지어 군대에서도 축구를 제일 많이 했다. 그래서 축구에 관해 할 얘기가 많다.

북한은 어떨까?

북한도 우리와 비슷하다. 학생들 사이에서 가장 인기가 있는 스포츠가 축구다.

북한은 축구를 "조선 사람의 체질에도 맞으며 우리 인민 모두가 좋아하는 체육종목"으로 강조하고 있다. 심지어 김정일 국방위원장은 축구와 관련해 이런 말도 했다.

"축구는 우리나라에서뿐 아니라 세계적으로 대중화되고 사람들의 관심이 가장 높은 체육종목입니다. 축구기술이 높으면 나라와 민족의 영예를 온 세계에 빛내일 수 있습니다."

북한에서 최고지도자의 말은 진리다. 그래서 '축구강국은 조선로동당의 목표'로 설정된 바 있다.

2011년 1월 1일 「신년 공동사설」에서 북한은 "사회주의 강성대국 건설을 강조"하면서, "축구 강국 건설" 목표를 제시했다. 심지어 축구와 관련해 내세운 새로운 구호가 등장했다.

'위성은 우주로, 축구는 세계로'

북한에서 신년공동사설은 과년도의 성과를 평가하고, 신년의 국가 정책 방향을 제시하고 있다. 북한 당국의 전략을 엿볼 수 있는 신년공동사설은 중요한 문서다. 이렇게 중요한 문서에서 축구가 뭐라고 재차 강조를 하고 있는 것일까?

2002년 한일 월드컵에서 대한민국 국민은 대동단결해 하나가 된 적이 있다. 축구 하나로 의지까지 충만해졌던 때가 있었다. 설마 북한도 그것을 노리고 축구를 강조하는 것인가?

구호 〈위성은 우주로, 축구는 세계로〉를 통해 시사
점을 찾을 수 있다.

이 구호를 해석하자면, 간단하다. 북한이 인공위성을
우주로 쏴 과학기술 능력을 대내외적으로 보여줬다
면, 이제는 축구를 통해 세계에 이름을 알리겠다는
일종의 소망이 녹아들어 있는 문구다.

아무튼, 북한에서 축구를 소재로 구호가 등장했다는
것을 보더라도 인기가 상당하다는 것을 가늠할 수
있다.

# 압록강

## VS

# 4.25

# 북한판 엘 클라시코

축구에 관심이 없는 사람이라도 한 번쯤은 들어본 말이 있다.

'엘 클라시코'

지구 최고의 축구 게임을 지칭하는 말이다. 좀 더 구체적으로 말하자면, 스페인의 명문 구단인 레알 마드리드와 FC 바르셀로나의 더비 경기며, 최고의 시청률을 자랑한다. 한마디로 한일전과 축구에 비견될 만큼 전쟁에 가까운 축구 경기다.

북한에도 '엘 클라시코'와 같은 라이벌 전이 있다.

북한에 가장 유명한 축구 팀 두 팀을 꼽자면, '4.25 체육단'과 '압록강 체육단'이 있다. 이 둘 간의 축구 경기가 있는 당일에는 조금 과장해서 사회적으로 긴장감이 최고조를 이룬다고 한다.

'4.25 체육단'의 연고지는 평양시다. 인민무력부 소속이라는 점이 특이하다. 한마디로 군인들로 구성된 축구 팀이다.

'압록강 체육단'의 연고지는 신의주시다. 사회보안성 소속이다. 한마디로 경찰들로 구성된 추구 팀이다.

4.25 체육단과 압록강 체육단의 축구 경기는 단순한 매치가 아니다. 지역과 소속의 자존심을 걸고 벌이는 일종의 전쟁과 같은 경기인 것이다.

4.25 체육단과 압록강 체육단의 각축전은 '현재 진행형'이다.

# 압록강체육단

압록강체육단은 북한 체육단 중에서 역사가 가장 오랜 체육단이다. 1947년 내무성체육단으로 출발했다.

국방체육에 강한 팀으로 알려져 있다.

남북 탁구 단일팀의 일원이었던 리분희, 1999년 세계육상선수권대회 우승자 정성옥, 2000년 시드니올림픽과 2004년 아테네 올림픽 은메달리스트 리성희 등이 압록강체육단 소속이다.

# 4·25체육단

4·25체육단은 1949년 3월에 창설된 체육단이다.
1972년 현재의 이름인 4·25체육단으로 개칭했다.
4·25국방체육단이라고도 불리며, 북한 최대의 체육단이다. 북한 여자축구팀의 주축이 4·25체육단 소속이다. 한마디로 축구로 유명한 체육단이다.

인민체육인이자 체조선수인 리세광, 복싱의 장은희,
역도의 김은국, 김광성, 유도의 윤원철, 홍국현은 1950년 내무성 소속으로 창단했다.
1961년 7월 모스크바 국제육상대회 400m, 800m에서
우승한 신금단 선수, 역도선수 김명남이 기관차체육단 소속이다.

# 축구 리그

세계적으로 가장 많이 보급된 스포츠가 축구다. 야구를 좋아하는 안티구라다와 십쇄는 이를 부정하고 싶지만 백과사전을 부정할 수 없다. 상식으로 알아둘만 하다.

영국은 프로 축구의 최상위 리그인 잉글랜드 프리미어리그(EPL)가 있다. 독일은 최상위 리그인 분데스리가(Bundesliga)가 있다. 대한민국에는 최상위 리그인 K리그(LEAGUE)가 있다.

그렇다면 북한 축구의 최상위 리그는 뭘까?

축구 감독의 선수 지도

북한 축구의 최상위 리그는 '최상급축구련맹전'이다. 리그의 이름만 봐도 최상급이란 것을 눈치챌 수 있다.

북한은 1부 리그와 2부 리그 그리고 3부 리그로 구성돼 있다.

북한은 1부 리그에 해당하는 '최상급축구련맹전'에 15개 팀이 있다. 2부 리그에는 40개 팀이 있다. 마지막으로 3부 리그에는 80개 팀이 있다. 1부 리그부터 3부 리그까지 합하면 총 135개의 팀이 있다.

생각보다 규모가 상당하다.

우리나라의 최상위 프로리그인 K리그와 비교해 보면 규모가 크다는 것을 확실히 알 수 있다.

우리나라의 K리그에는 사실 두 개의 리그가 있다. K

리그 1과 K리그 2가 있다.

K리그 1에는 12개의 팀이 있다. K리그 2에는 10개의
팀이 있다. 두 리그를 합하면 고작 22개 팀이다. 물
론, 우리나라는 실업리그나 대학리그가 따로 있어서
이들 리그까지 합하면 규모는 더 커지겠지만 북한의
축구 팀이 생각보다 많아서 놀랐다.

# 손흥민 VS 한광성

대한민국을 빛낸 축구스타는 많다. 세대별로 축구스타는 각기 다르다. 차붐을 얘기하거나, 홍명보, 박지성을 말하기도 한다. 최근에는 대한민국 최고의 축구선수이자 세계적으로도 인정받고 있는 선수가 있다. 손흥민 선수가 있다. 조금 오버해서 말하자면, 손흥민 선수를 보면 대한민국 국민인 것이 자랑스러울 정도다.

북한에도 손흥민 선수처럼 유명한 축구 선수가 있다.

'한광성'(1998년 9월 11일생)

남과 북을 통틀어 이탈리아에서 가장 골을 많이 넣은 선수는 당연히 안정환 선수라고 생각을 하는 사람들이 많다.

틀렸다.

한광성 선수다. 북한 선수 최초로 유럽 축구 리그에서 첫 골을 넣은 선수면서, 남과 북 통틀어 이탈리아 리그에서 가장 골을 많이 넣은 선수다.

한광성 선수는 북한이 어린 시절부터 공들여 키운 인재다. 북한은 어려서부터 축구 유망주를 선발해 스페인, 이탈리아 등의 국가로 유학을 보내고 있다. 동시에 평양국제축구학교를 통한 축구인재 양성에 힘쓰고 있다.

현재까지 한광성 선수의 유럽 진출은 성공적이라고 봐도 무방하다.

2019년 이탈리아 명문 축구단인 유벤투스는 한광성 선수와 공식적으로 계약을 체결했다. 유벤투스가 북한의 축구 선수를 영입한 목적은 더 놀랍다. 현재 유벤투스에서 맹활약중인 크리스티아누 호날두(34)를 대체하기 위해 한광성 선수를 영입했다고 한다. 한광성 선수가 22살인 점을 감안하면 앞으로의 활약이 기대된다.

이밖에 눈여겨 볼 북한의 해외파 축구 선수가 있다.

'최성혁'(1998년 2월 8일)

2016년 이탈리아 세리에A(1부리그) 피오렌티나 팀의 산하 프로마베라(청소년팀)에 입단했다. 2017년에는 이탈리아 세리에B(2부리그) 페루자 칼초 팀에 입단했다.

김정은 국무위원장과 데니스 로드맨

# 김정은 국무위원장의 '농구'사랑

2012년 김정은 국무위원장이 북한의 최고지도자로 등극한 이래로 2018년 남북정상회담 직전까지 만난 해외인사는 10여 차례에 불과하다. 김정은 국무위원장이 만난 10여 명의 해외 인사 중에서 눈에 띄는 인물이 있다.

데니스 로드맨(Dennis Rodman)

1990년대 청소년기를 보냈던 남학생들은 최소한 한 번 쯤은 비디오테이프로 또는 위성 방송으로 미국의 프로농구 NBA 경기를 봤을 것이다. 미국의 전 NBA 농구스타 로드맨이 김정은 국무위원장을 무려 3번이나 만났다는 사실을 보고도 믿기지 않았다.

로드맨을 북한으로 무려 5번이나 초청했고, 시범경
기를 했다는 것만으로도 김정은 국무위원장이 농구
사랑을 엿볼 수 있는 대목이다.

# 인기 스포츠 농구

북한에서 농구는 청소년들이 즐겨하는 스포츠다. 1980년대부터 북한은 농구를 강조했다. 고등중학교 (고등학교) 학생들을 중심으로 '키 크기 운동 종목'으로 농구로 선정했다. 한마디로 딴 스포츠 말고 농구를 많이 하라고 권장한 것이다.

북한 당국이 강조한 스포츠라 그런지 1990년대 들어 북한에서는 농구가 어느새 인기 스포츠 종목이 됐다.

농구와 관련해 김정일 국방위원장이 이런 말을 했다. "농구는 머리를 좋게 하고 키를 크게 하는 운동입니다."이게 사실이라면, 대학입학 시험을 앞둔 청년들에게 권장해야 할 스포츠가 아닐까 싶다.

# 북한 주민이 사랑하는 구기 종목

북한 주민들이 주로 즐기는 스포츠 종목은 축구, 롱구(농구), 배구, 탁구를 비롯한 구기 종목과 철봉을 좋아한다. 공을 갖고 노는 것은 남북을 떠나 세계적으로 공통적인 것 같다.

일주일에 1-2시간 정도를 정규 체육 시간과 방과 후 체육 활동 시간에 이들 종목을 중심으로 즐겨하고 있다.

북한은 정신적으로나 육체적으로나 성장기에 있는 청소년들의 신체 발달과 관련이 있다고 해서 구기 종목을 적극적으로 권장하고 있다.

# 농구 영화

1990년대 우리 사회에서 농구의 인기는 하늘을 찌를 듯 했다. 농구선수는 연예인 뺨칠 정도로 인기 스타 반열에 올랐다. 심지어 농구를 소재로 한 드라마〈마지막 승부〉가 제작되기도 했다.

1990년대 젊은 시절을 보낸 사람들 중에 이 드라마를 모르면 간첩이 아닐까 싶을 정도로 인기리에 방영이 된 드라마다.

1990년대 북한의 농구 사랑은 우리나라만큼 대단했다. '농구'의 인기가 대단하면 당연히 영화나 드라마로 제작되는 것이 순리인가?

조선예술영화 〈가족롱구선수단〉

북한도 예술영화 〈가족롱구선수단〉을 제작해 방영했다. 북한이 '농구'라는 스포츠를 얼마나 장려했는지 알 수 있는 대목이다.

북한의 영화나 드라마 줄거리는 간단하다. 이 영화의 줄거리도 상당히 간단하다. 제목에 드러나 있듯이 가족 농구 선수단의 이야기다.

1998년 「조선예술영화촬영소」에서 제작했다. 다행히도 길지 않은 영화다. 러닝타임이 77분이다. 이정도면 참고 볼만하다.

이 영화를 보면 놀라운 점들이 있다. 가족 구성원 중에서 큰 어르신이 스포츠 광으로 나온다. 북한에도 스포츠에 환장한 사람이 있다는 것이 의외다.

스포츠 광인 어르신은 심지어 자식들의 결혼 조건에

체육을 잘해야 한다는 조건을 거는 인물이다. 아무리 영화지만 영화 전개가 좀 심한 것 같은 생각이 들었다. 영화니까 그러려니 하고 봤다. 솔직히 따져봐야 따질 곳도 없다.

예술영화 〈가족롱구선수단〉의 결말은 간단하다. 가족끼리 팀을 이뤄서 농구 전문 선수단을 이긴다는 체육가 집안의 이야기다. 참으로 훈훈하게 끝난다.

참고로 북한의 모든 영화의 결말은 권선징악의 구조를 따르고 있다.

# 안골체육촌

안골체육촌은 평양 외곽에 있으며, 체육경기장이 집중돼 있다. 우리나라로 치면 서울에 있는 잠실이 가장 비슷하다. 청춘거리의 옛 지명이 '안골'이다. 그래서 '안골체육촌'이라고 불린다.

1989년 7월에 개최된 제13차 세계청년학생축전을 계기로 청춘거리가 종합체육단지로 개발됐다.

1989년 5월 1일 릉라도에 있는 '5.1경기장'이 건립됐다. 그리고 기타 체육종목을 치루기 위한 종합체육단지가 들어서면서 체육종합단지가 형성됐다.

# 백두산지구 체육촌

우리나라의 동계스포츠의 메카는 강원도 평창이다. 북한 동계스포츠의 메카는 량강도 삼지연이다. 이곳에는 종합체육단지가 있는데 '백두산지구 체육촌'으로 불린다.

백두산지구 체육촌에는 스케이트 경기장, 스키 경기장, 아이스하키 경기관을 비롯하여 경기장들과 선수들의 숙박소와 관련 시설을 갖춘 현대적, 종합적 체육시설이 들어서 있다.

삼지연에는 이 외에 연건평 7,700m2 규모에 수백석의 극장, 체육관이 갖추어진 삼지연학생소년궁전을 비롯하여, 삼지연군 문화회관, 베개봉국수집 등의 문화시설이 갖추어져 있다.

매년 '백두산상 전국빙상선수권대회' 등의 동계스포츠 대회가 열리고 있다.

Pyongyang golf course

## SCORE CARD
## 골프경기 기록부

| 순위 | 길이 (M) | | 회수 | 홀 | 순위 | 길이 (M) | | 회수 |
|---|---|---|---|---|---|---|---|---|
| | 뒤출발대 | 앞출발대 | | Hole No. | | 뒤출발대 | 앞출발대 | |
| HDCP | Back | Regular | PAR | | HDCP | Back | Regular | PAR |
| 17 | 340 | 320 | 4 | 10 | 14 | 340 | 320 | 4 |
| 11 | 180 | 150 | 3 | 11 | 4 | 360 | 340 | 4 |
| 1 | 380 | 360 | 4 | 12 | 12 | 490 | 470 | 5 |
| 5 | 340 | 320 | 4 | 13 | 16 | 160 | 140 | 3 |
| 15 | 510 | 480 | 5 | 14 | 2 | 350 | 330 | 4 |
| 7 | 340 | 320 | 4 | 15 | 18 | 330 | 310 | 4 |
| 13 | 140 | 120 | 3 | 16 | 6 | 420 | 370 | 4 |
| 9 | 340 | 320 | 4 | 17 | 10 | 190 | 170 | 3 |
| 3 | 530 | 510 | 5 | 18 | 8 | 460 | 450 | 5 |
| 전반 Course | 3 100 | 2 900 | 36 | 후반 In Course | | 3 100 | 2 900 | 36 |
| | | | | 합 계 Total | | 6 200 | 5 800 | 72 |

# 평양 골프장

남포시 용강군 태성호에는 조총계 상공인들의 지원을 받아 완공된 북한 최초의 골프장이 있다.

'평양 골프장'

평양골프장은 1982년에 착공하여 1987년 4월 김일성 주석 75회 생일을 기념하여 완공했다. 36만여 평 규모에, 18홀 규격의 코스(코스 길이 6.2km)로 이뤄져 있다. 이 외에 기본적으로 목욕탕과 휴게실, 식당, 기념품 판매대 등이 딸린 클럽 하우스를 갖추고 있다.

1987년 9월에는 조총련과 일본인 200여 명을 초청해 개장기념 골프대회를 열었다.

1988년 10월에는 전국인민체육대회 종목으로 채택해 경기를 치렀다. 평양 골프장은 주로 재일교포를 비롯해 외국인들 그리고 주요 간부들이 이용하고 있다.

# 동계 스포츠의 강자, '사자봉체육단'

삼지연은 겨울 스포츠의 메카다.

삼지연시에는 동계스포츠를 위한 체육촌이 오래 전부터 들어섰다.

북한에서는 스키 등을 비롯한 겨울스포츠의 고장으로 널리 알려져 있다.

최근 김정은 국무위원장의 지시에 따라 전면적인 개보수 작업이 이뤄졌다.

삼지연학생소년 궁전, 삼지연군 문화회관, 삼지연혁명답사전적지, 백두산체육선수촌, 베개봉국수집을 리

모델링하였고, 군경기장, 피복공장, 버섯공장이 새롭
게 들어섰다.

북한에서 '사자봉체육단'의 스키 실력은 최상급으로
정평이 났다.

마식령스키장

# 마식령스키장

2013년에 개장한 마식령스키장은 김정은 시대의 대표적인 체육의 상징물이다. 마식령은 원산시와 법동군 사이에 있는 고개다. 눈이 많이 내려서 스키장으로서 최적의 조건을 갖추고 있다.

마식령스키장은 원산시 중심부와 가까워 원산-마식령간 연계 관광이 가능하다.

마식령스키장은 2012년 7월부터 건설을 시작해 2013년 12월 31일에 준공을 완료했다. 마식령스키장의 정상은 대화봉(1,360m)이며, 1400만㎡ 규모다. 북한 최대의 스키장이다.

마식령스키장이 얼마나 큰 규모인지 국내의 스키장
과 비교하면 금방 알 수 있다.

국내 최대의 스키장으로 무주리조트, 하이원 리조트
가 있다. 무주리조트가 730㎢로 국내 최대 규모고,
하이원 리조트의 전망대 레스토랑은 한라산 정상인
1947m와 비교해 532m 낮은 1415m에 있다.

북한은 마식령스키장을 '위대한 로동당시대 사회주
의 문명을 자랑하는 만년대계의 기념적 창조물'이라
고 평가하면서 김정은 국무위원장의 치적으로 소개
하고 있다.

마식령스키장 기타 시설물

# 마식령스키장의 기타 시설물

마식령스키장에서 스키만 즐길 수 있는 것은 아니다. 스키 외에도 산악자전거주로, 기마주로, 등산길 등이 있다. 여름철에는 잔디 스키장과 수영장 등을 운영하고 있어서 관광객들이 사시사철 찾을 수 있는 종합 휴양지로 건설된 것이 특징이다.

2013년 마식령스키장이 개장한 이후로 평양 고려호텔에서는 마식령스키장과 관련한 각종의 관광 상품을 판매하고 있다.

평양을 관광하는 외국인들은 '평양-마식령관광뻐스', '원산-마식령관광뻐스'를 타고 원산에 갈 수 있다. 하지만 북한의 도로 사정이 좋지 않아서 추천하지 않고 있다.

평양 순안공항에서 원산 갈마공항으로 가는 방법이 가장 빠르고 편하다. 북한의 국적기인 고려항공은 평양–원산간 노선을 주1회 정기적으로 운영하고 있다.

일주일에 딱 한 번만 이용이 가능하기 때문에 비행기를 타고 원산에 가면 최소한 7일은 머물러야 하는 단점이 있다.

실내승마훈련장

## 미림 승마장

김정은 국무위원장의 3대 치적물 중 하나로 꼽히는 것이 바로 '미림 승마구락부'다.

미림 승마구락부는 평양직할시 사동구역 미림동에 세워진 승마장이다. 2014년 10월 25일 평양 외곽에 미림승마구락부가 완공됐다. 부지면적이 62만 7000 ㎡다. 이는 축구장의 87배에 달하는 크기다.

상암동에 있는 서울월드컵경기장에 가면 엄청 커서 돌아다니기도 힘든데, 미림승마구락부는 도대체 몇 배란 말인지 모르겠다. 향후 관광객을 위해 셔틀버스 를 운행하지 않을까 조심스레 예측해 본다.

그나저나 구락부라는 말이 익숙하지 않은 우리에게
사전은 필수 아이템이다. 구락부를 찾아보니 사전에
'클럽'의 음역어로 적혀있다. 북한에서는 클럽을 구
락부로 쓴다는 사실을 아는 순간이다.

# 북한의 체육선수단

북한의 국가대표 선발은 세 가지의 코스가 있다.

첫째, 기량이 우수한 선수들을 국가 대표로 선발해
　　　훈련을 집중적으로 시키는 방식이다.
둘째, 평양의 종합체육단이나 각 시도에서 운영하는
　　　체육선수단에 입단해 생활하는 경우가 있다.
셋째, 군대에 입대해 선수생활을 하거나 일반 직장
　　　생활을 하면서 운동을 하는 경우가 있다.

북한에서 '체육선수단'은 우리나라로 치면 전문팀이
라고 보면 된다. 일반적으로 전문선수단은 특정한 종
목의 팀이 아니라 많은 종목에서 선수단을 운영하는

종합선수단체제로 운영된다.

종합체육단의 선수단은 500명 내외의 규모로 운영된다. 선수단의 규모에 따라서 선수단이 운영되는데, 1등급부터 3등급까지 선수단을 구분하고 있다.

체육선수단에 따라 다르지만, 보통 1급 선수단이 15개, 2급 선수단이 40개, 3급 선수단이 80개 정도로 구성돼 있다.

대표적인 체육선수단으로는 압록강체육단, 4·25체육단, 기관차체육단, 평양시체육단, 모란봉체육단, 리명수체육단, 소백산체육단, 월미도체육단 등이 있다.

# 북한의 스포츠 스타

리분희, 계순희, 정성옥 정도를 들어 봤다면, 북한 전문가 수준이다. 북한 공부를 안 해도 될 정도다.

북한은 우수 체육인의 육성을 위해 조기 선발과 집중적인 훈련을 통해 기량을 높이고 있다. 다른 한편으로는 각종 체육대회에서 우수한 성적을 거둔 선수들을 발굴하여 전문선수로 키우고 있다.

1992년부터 매년 국내·외의 각종 대회에서 우수한 성적을 거둔 스포츠 스타 10명을 선정해 발표하고 있다. 계순희는 최우수 선수가 처음 발표된 1992년부터 2004년까지 8차례나 최우수 선수에 올랐다.

## 계순희 선수

계순희 선수는 북한의 유도영웅이다.

계순희 선수는 16살의 어린 나이에 와일드카드로 출전한 1996년 애틀랜타올림픽 48kg급에서 일본의 유도영웅 다뮤라 료코를 꺾고 금메달을 딴 신화적인 인물이다.

당시 다무라 료코 선수는 국제대회에서 한 번도 진적이 없는 입지적인 인물이다. 82전 전승의 세계 최강이었다. 한마디로, '유도는 다뮤라 료코, 다뮤라 료코는 유도'라는 것은 당연할 정도였다. 세계 최강을 이긴 선수가 북한의 계순희 선수였다.

북한의 유도영웅 계순희

1996년 우리나라에서도 크게 회자 됐던 인물이다. 2010년 계순희 선수는 은퇴하고 자신이 속해 있던 모란봉체육단에서 코치로 활동하고 있다.

계순희 선수가 대단한 것은 체급을 넘나들며 금메달을 목에 걸었기 때문이다. 1996년 애틀랜타올림픽 48kg에서 금메달을, 2001년 뮌헨 세계유도선수권대회 52kg급에서도 금메달을, 57kg급에서도 2003년, 2005년, 2007년 내리 3번 세계선수권에서 금메달을 목에 걸었다.

유도에서 3개의 체급을 석권하고 한 체급에서 6년간 정상을 지킨 선수는 전무후무한 일이다.

## 북한체육의 명수

사람 이름이 아니다. 북한의 영화나 드라마를 보면 '명수'라는 말이 나온다. 여기서 명수는 소질이나 솜씨가 뛰어난 사람을 지칭하고 있다. 예전에 우리 사회에서도 '명수'라는 말을 흔히 쓰던 말이었다. 그러나 지금은 거의 쓰지 않는 단어다.

북한을 빛내거나 사회적으로 특별한 공이 있는 사람에게 주는 명예칭호다. 물론, 북한에는 일정한 성적을 거둔 체육인, 즉 명수에게도 수여하고 있다. 1년에 한 두 차례 평가를 통해 1급부터 6급까지 차등으로 구분하고 있다.

'공화국영웅칭호'와 '노력영웅칭호'다.

체육인 중에서도 공화국영웅칭호와 노력영웅칭호를
받은 사람이 있다.

여자 마라톤의 영웅인 정성옥 선수가 체육인으로는
처음으로 공화국영웅과 인민체육인 칭호를 받았다.

## 정성옥 선수

정성옥 선수는 북한이 자랑하는 '철녀' 국보급 마라토너다.

1999년 세비야에서 열린 세계 육상 선수권 대회에서 북한의 정성옥 선수가 마라톤에서 우승을 차지했다. 비록 정성옥 선수는 우리나라 선수가 아니지만 1992년 바르셀로나 올림픽에서 황영조 선수가 우승한 것처럼 크게 회자가 됐던 인물이다. 기성세대는 올림픽을 통해 익히 들은 선수 중에 한 명이다.

1974년 8월 18일 해주시에서 태어난 정성옥은 압록강체육단에서 마라톤 선수로 활동했고, 현재는 체육기술연맹 서기장으로 고위직에 올라 있다.

압록강체육단에서 정성옥 선수를 발굴한 사람은 신금단 감독이다. 무명의 선수를 세계가 주목하는 선수로 키운 장본인이다.

정성옥 선수는 1999년 인민체육인, 노력영웅, 공화국영웅칭호(이중노력영웅)를 받았다. 특히 공화국 영웅 칭호를 받은 것은 체육인으로서 정성옥이 처음이었다.

북한의 체육인 중에서 '인민체육인'이나 '노력영웅' 칭호를 받은 체육인은 있었지만 '공화국영웅' 칭호를 받은 사례는 없었다.

보통강구역 서장동에 있는 아파트를 선물로 받았는데, 정성옥이 살면서 아파트 이름도 '정성옥 아파트'

로 불리기 시작했을 정도로 인기가 상당했다.

2000년 1월 5일에는 기념주화 〈마라톤우승자 정성
옥〉도 발행됐다. 북한에서 김일성 주석 이후 개인 기
념주화는 처음으로 발행된 것이다.

# 올림픽 메달리스트

우리나라와 비교하면 턱없이 부족하지만, 북한도 올림픽에서 메달을 따고 있다. 국민소득 대비 메달 수로 하면 단연 1등이란다. 북한 선수로는 처음으로 올림픽에서 금메달을 딴 선수가 있다.

리호준 선수다. 사격선수다.

이 사실을 기억하는 사람은 주위에서 거의 찾을 수 없다. 상당히 오래전 일이기 때문이다. 북한이 공식적으로 올림픽에 처음으로 참가한 것이 1972년 뮌헨 올림픽이다.

1972년 뮌헨 올림픽에서 리호준 선수가 금메달을 목

에 걸었다. 사상 첫 올림픽 출전에, 금메달까지 목에 건다는 것은 놀라운 사건이었다.

심지어 리호준 선수는 올림픽에서 거짓말에 가까운 기록을 올렸다. 600점 만점 사격(50m 소총 복사)에서 599점을 기록했다. 경이적인 기록이었다. 당연히 세계신기록을 수립하면서 금메달을 목에 걸었다.

1972년 뮌헨 올림픽에서 북한이 금메달을 획득했지만 그때까지 우리나라는 올림픽에서 금메달을 한 개도 따지 못했다. 풍문으로는 1972년 이후로 태릉선수촌이 조성됐고, 본격적으로 선수들을 육성했다는 얘기가 있다.

지금은 우리나라의 대표선수촌이 태릉선수촌에서 진천선수촌으로 이전됐다.

# 북한의 특별한 스포츠 스타

남과 북 통틀어서 유명한 선수가 있다.

홍창수 선수다. 북한 국적의 첫 번째 세계프로복싱 챔피언이다.

2000년 홍창수가 세계복싱평의회(WBC) 슈퍼플라이 급 챔피언에 올랐고, 2001년 6월에 '로력영웅' 칭호 를 받았다.

홍창수 선수는 특별한 선수라는 생각이 든다. 그는 항상 '조국통일'이라는 글이 적힌 가운을 입고 링 위 에 올랐다. 지금 드는 생각이지만, 그는 '조국 통일' 이라는 꿈을 위해 싸운 것은 아닐까?

# 북한의 프로스포츠

북한에 프로스포츠가 있다. 프로스포츠는 자본주의의 상징인데, 북한에 프로스포츠가 있다니 놀랍다.

여자 프로복서에 김광옥 선수가 있다. 인터넷을 검색하면 쉽게 볼 수 있는 선수다. 2004년 10월에 일본 선수인 스가 도시에를 이기고, 북한 최초의 여자복싱 세계챔피언이 된 입지적인 선수다. 물론, 북한은 김광옥 선수에게 '체육영웅'칭호를 수여했다.

북한의 프로복싱은 1992년 7월 '프로권투협회'가 결성됐다. 참고로 북한은 1995년 세계권투평의회(WBC)에, 1997년 세계복싱협회(WBA)에 가입했다.

# 4. 교통

# 북한의 택시

김일성 시대보다 더, 김정일 시대보다 더, 지금의 김정은 시대가 북한에서는 자동차가 가장 많다.

승용차도 그렇고, 택시도 그렇다.

북한에 택시가 있다. 택시는 영어라서 북한은 다른 말을 쓰지 않을까?

북한에서도 택시를 택시로 부르고 있다. 그것도 한글과 영어로 병행해서 쓰고 있다. 물론, 일상생활에서 '발바리차'라고도 부르기도 한다. 그러나 공식적으로 '택시'로 부른다는 사실을 꼭 기억하자.

## 오래전 기억: 합승

대한민국에 '합승'제도가 있었다. 솔직히 말해서 합승은 불편하다. 하지만 택시가 턱없이 부족한 밤 12시에는 합승이 그리울 때가 있다.

아무튼, 북한에서 택시 영업은 잘 되는 편이다. 택시를 이용하는 승객이 많아서 그런지 자가용으로 불법 택시 영업을 하는 경우가 있을 정도다.

북한에서 택시를 타면 낯선 장면을 목격하게 된다. 바로 '합승'이다.
합승이 보편적으로 이뤄지는 사회가 북한이다. 택시 기사가 다른 손님을 태우더라도 놀라지 않아도 된다.

## 손님의 매너

평양에서 택시를 타면 보조석에 큼지막하게 붙어있는 스티커가 있다. 스티커에는 '봉사안내'라는 문구가 있다. 그리고는 승객이 하지 말아야 할 것들이 적혀 있다.

1. 차안에서 담배를 피우지 마십시오.
2. 차안에서 신발을 벗지 마십시오.
3. 내릴 때 소지품을 떨구지 마십시오.

눈에 띄는 것은 2번이다. 북한에서 택시를 타면 절대로 신발을 벗으면 안 된다는 사실을 꼭 기억하자.

# 택시의 기본요금

원래 북한에서 택시를 쉽게 볼 수 있었던 것은 아니다. 2014년부터 본격적으로 택시가 늘었다. 한마디로 김정은 시대 들어 평양에 택시가 많아졌다는 것이 특징이다.

평양에는 현재 5개의 택시회사가 있으며 약 1,500대의 택시가 2부제로 운행되고 있다.

2부제라 끝 번호가 홀수면 홀수에 쉬고, 짝수면 짝수 날에 쉰다. 평양에 택시가 부쩍 늘어나면서 2부제가 생겼다는 풍문이 있다.

기본적으로 어느 나라를 가든지 택시를 타면 기본요금이 있다. 북한도 예외는 아니다.

북한 택시의 기본요금이 첫 2km까지는 미국 달러(USD)를 기준으로 2달러다. 이후로는 1km당 0.5달러가 추가로 부과된다.

밤에는 택시의 기본요금이 다르다. 북한 택시도 할증이라는 시스템이 있기 때문이다. 할증은 밤 9시부터 시작된다.

할증된 요금은 낮과 비교해 상당히 비싸다. 할증된 기본요금은 낮 시간의 2배 요금이 부과된다. 결국 북한에서는 택시요금 비싸서라도 일찍 귀가해야겠다는 생각이 든다.

# 북한 화폐의 가치

북한에 가면 당연히 북한에서 발행하는 화폐를 사용해야 한다. 북한 화폐의 단위는 우리나라하고 동일하게 '원'으로 쓰고 있다.

그렇다면 북한 화폐의 가치는 얼마나 될까?

미국 달러(USD)를 기준으로, 1달러에 5,000원으로 교환이 가능하다. 이는 북한 당국의 공식적인 기준이다.

북한의 상점이나 장마당에서의 환율은 미국 달러(USD)를 기준으로, 1달러에 8,000~9,000원 정도로 교환이 가능하다.

북한의 화폐

# 택시 차종

평양의 택시는 대부분 일제 브랜드다. 그중에서도 '닛산'브랜드의 택시가 많다.

북한에서 일제 차량의 택시를 많이 볼 수 있는 것은 이유가 있다. 중국에 진출한 일본의 자동차 기업들은 중국에서 자동차 생산을 하고 있다. 중국에서 생산된 일본 브랜드의 자동차는 수입이 용이하기 때문이다.

최근 북한을 다녀온 사람들은 평양에서 한국 브랜드의 택시는 못 봤다고 한다. 아쉬운 대목이다.

원래 북한에 남한 자동차가 아예 없는 것은 아니다.

평양에서 흔히 볼 수 있는 택시

평양 시내를 거닐다 보면 우리나라 브랜드의 차량을 쉽게 볼 수 있었던 시절이 있다. 2000년대 있었던 일이다. 오래전 일이다.

2000년대 들어 남북교류협력이 활발해지면서 평양 시내에서 현대자동차 브랜드의 차량을 운전하는 사람들이 종종 있었다. 운전자의 인터뷰를 들으면, 자동차와 관련해 반응도 좋았다.

2000년대 평양에서 쉽게 볼 수 있었던 한국의 차량은 쏘나타, 그랜저를 포함해 갤로퍼, 산타페 등과 같은 RV차량, 승합차 등의 다양한 차종을 볼 수 있었다. 물론, 남북경협 과정에서 북한에 지원한 경우가 많았고, 중고 차량이 대부분이었다.

아무튼, 2020년 현재 북한 사회에서 쉽게 볼 수 있는 차량이 일본 차량이다.

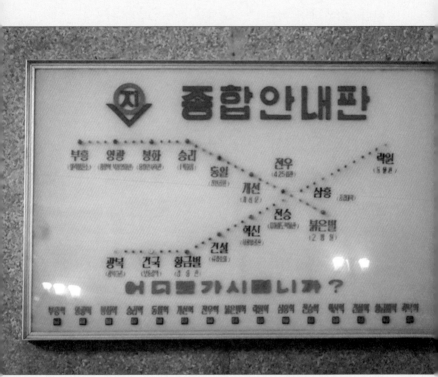

평양 지하철 종합안내판

# 평양의 지하철은 관광명소

세계에서 제일 저렴하게 지하철을 이용할 수 있는 도시가 있다. 바로 평양이다.

한 번 승차할 때마다 5원씩 지불해야 한다. 북한에서 지하철을 이용할 때는 지하철을 이용할 수 있는 전용 카드를 구입해야 한다. 카드 보증금은 4,000원이다. 그리고 카드의 충전요금은 1,000원 단위로 충전을 한다.

북한에서는 1,000원으로 지하철을 200번을 탈 수 있다. (USD 1$ = KPW 8,000원)

# 사진 촬영이 가능한 역사

북한 전역을 통틀어 평양에만 있는 지하철은 노선은 '천리마선'과 '혁신선' 2개가 있다. 우리나라의 수도 권 지하철과 비교하기 민망할 정도로 노선이 많지 않다.

그러나 놀랍게도 북한의 지하철 개통이 우리나라보 다 1년 앞선다. 북한에서는 1973년 9월 6일 천리마선 이 첫 개통을 했다. 우리나라는 1년 뒤인 1974년 8월 15일에 지하철 1호선을 개통했다.

우리나라 지하철에서는 모든 역사에서 사진 촬영이 가능하다. 하지만 북한에서는 모든 역사에서 사진촬영이 허락되는 것이 아니다.

영광역, 승리역, 개선역

딱 3개의 역에서만 사진 촬영이 허용된다. 이 외의
역에서 사진 촬영은 불법이다.

# 북한이 생산하는 자동차

누군가 물었다.

북한도 자동차를 생산할 수 있는 능력이 될까?

결론부터 말하자면, 북한도 자동차를 생산한다.

1950년대부터 북한은 자동차 생산을 시작했다. 1958년 11월 덕천자동차공장에서 구소련제 자동차를 그대로 본 딴 2.5톤 화물자동차 '승리58호'를 처음으로 생산한 것이 최초다.

누가 구매하는지 모르겠지만, 북한이 생산한 자동차는 팔리고 있다. 참고로 엄청 잘 팔리는 것은 아니다.

팔리고 있다는 것이 핵심이다.

자동차를 생산한 시기는 남과 북이 비슷하다. 그러나 현재 남과 북의 차이는 크다.

대한민국의 자랑인 현대자동차와 기아자동차는 세계적으로 인정받고 있는 추세다. 하지만 북한이 생산하는 자동차는 세계적으로 인정을 받으려면 시간이 더 필요해 보인다.

북한이 생산하는 자동차 브랜드로는 휘파람, 뻐꾸기, 준마 등이 있다. 자체적으로 생산하는 모델이 아니다. 수입해서 조립, 생산을 하고 있다는 점이 특징이다.

## 주력으로 생산하는 자동차

북한은 주로 승용차보다는 화물차를 생산하고 있다. 물론 1980년대 이후 '자주호'(10톤급), '건설호'(25톤) 등을 생산하면서 승용차 생산도 하고 있다.

'금수산호', '만수대호', '삼지연호', '백두산호' 등의 자동차를 생산했다. 하지만 기술적인 문제와 부품 공급 등의 여러 가지 문제로 인해 생산라인이 정상적으로 가동되지 않은 것으로 알려져 있다.

현재 북한에서 운행 중인 승용차의 대부분은 수입자동차다.

북한은 2002년부터 우리나라의 평화그룹하고 손잡고 자동차를 생산했다. 남포지역에서 북한의 지분 30%, 평화그룹 70% 지분으로 연간 500여 대의 자동차를 생산했다. 이때, 주로 생산된 자동차는 승용차나, SUV 종류의 차량이었다.

2013년 북한에서 평화그룹이 철수하면서 지금은 북한이 독자적으로 운영하고 있다.

참고로 북한에서 SUV는 '반짐승용차'라고 부른다. 승용차와 짐차가 반반 섞여서 붙여진 이름이다.

북한의 대표적인 자동차 브랜드 '뻐꾸기'

# 뻐꾸기

북한의 대표적인 자동차 브랜드는 '뻐꾸기'다. 우리나라로 치면 '쏘나타'가 이에 해당한다. 북한에서 대중적으로 가장 많이 알려진 자동차가 바로 '뻐꾸기'다.

자동차 〈뻐꾸기〉는 세 가지의 모델이 있다. 뻐꾸기Ⅰ, 뻐꾸기Ⅱ, 뻐꾸기Ⅲ가 있다. 이런 시리즈를 보면 생각나는 차가 있다. 역시 쏘나타다. 쏘나타도 초기에는 쏘나타Ⅰ, 쏘나타Ⅱ, 쏘나타Ⅲ로 이름이 바뀌었다.

초기 모델이었던 뻐꾸기Ⅰ은 이탈리아 피아트사의 '도블로(Doblo)'를 기반으로 하고 있다. 2003년 9월부터 생산된 미니 밴(가솔린) 모델이다.

지금은 단종됐다.

뻐꾸기Ⅱ(2004~2006)와 뻐꾸기Ⅲ(2004~현재)는 중
국의 자동차 회사에서 생산하는 모델을 기반으로 생
산하고 있다. 뻐꾸기Ⅱ는 SUV 차량에 가깝다. 뻐꾸
기Ⅲ는 쌍용자동차에서 생산하는 '렉스턴 스포츠' 차
량과 비슷하다.

현재 북한은 중국의 '랴오닝 SG자동차 그룹(전 랴오
닝 수광자동차그룹)'에서 생산하는 자동차 모델을
생산하고 있다. 간단히 말하자면 중국의 '랴오닝 SG
자동차 그룹'의 공장이 북한에 있다고 보면 된다.

# 휘파람

'휘파람'하면 떠오르는 것이 노래 〈휘파람〉 그리고 가수 전혜영이다. 북한에는 '휘파람'이 노래만 있는 것이 아니다.

자동차 〈휘파람〉이 있다.

이탈리아의 유명한 자동차 회사 '피아트'의 '시에로 (sielo)'를 조립해 생산한 차가 바로 자동차 〈휘파람〉이다.
참고로 가솔린 차량이며, 1,580cc의 배기량이다.

북한의 대표적인 자동차 브랜드 '휘파람'

1990년대 대한민국을 강타한 차가 있다. 대우자동차에서 만든 '씨에로'다. 대우에서 생산한 자동차 〈씨에로〉하고 헷갈리면 안 된다. 분명히 다른 차량이다.

개인적으로, 자동차 이름으로 '휘파람'은 어울린다고 생각하진 않는다. 도대체 누가 이렇게 촌스러운 이름을 차에 붙였는지 궁금했다.

장본인을 찾은 지금은 더 이상 궁금해 하지 않으려고 한다.

김정일 국방위원장이 직접 붙인 이름이라고 한다.

북한의 자동차 광고

# 자동차 광고

평양직할시 중구역에 철도역이 있다. 역 이름이 '평양역'이다. 우리나라의 서울역에 해당하는 그런 역이다. 평양역에서는 베이징도 갈 수 있고, 모스크바도 갈 수 있다. 2004년 철도의 중심지라고 할 수 있는 평양역에 대형 자동차 광고판이 세워졌다.

북한에 광고라니?

자동차 〈휘파람〉을 광고하는 모델은 북한의 유도영웅인 계순희 선수였다. 소문에 의하면, 작고 힘센 자동차 이미지와 계순희 선수의 이미지가 맞아서 모델로 뽑았다고 한다.

# 반짐승용차

북한에서 SUV와 같은 차량 혹은 밴을 통칭해서 부르는 이름이 따로 있다.

힌트!
북한에서는 자동차를 크게 승용차와 짐차로 구분하고 있다.

밴은 짐차면서도 승용차라서 딱히 뭐라고 부르기 모호하다. 그래서 북한에서는 밴을 가리켜 반은 짐차고 반은 승용차기 때문에 '반짐승용차'라고 부른다.

## 체어맨

평양을 여행하고 온 사람이 북한에서 체어맨과 똑같은 차량을 봤다면서 신기하다는 듯이 얘기를 한 적이 있다.

평양에 가면 쌍용에서 생산한 체어맨을 볼 수 있다. 다만 브랜드는 다르다.

'준마'라는 브랜드로 판매되고 있다.

쌍용자동차의 체어맨을 그대로 가져가서 북한에서 로고만 교체해 판매한 모델이기 때문에 디자인이 같을 수밖에 없다.

북한의 교통보안원

# 교통경찰

평양의 변화로 교통 체증을 예로 드는 사람이 있고, 건물 외벽을 페인트를 깔끔하게 칠한 것을 예로 드는 사람이 있다. 평양을 다녀온 사람들은 이구동성으로 과거와 비교해 변화된 점을 많이 얘기를 한다.

평양의 변화 중에 인상적인 것이 있다면 시내 곳곳에 여성 교통경찰이 부쩍 늘었다. 흰색 정장에 스커트를 입고, 붉은색 신호봉으로 자동차를 통제하는 여성 교통경찰을 볼 수 있다. 이는 외국인들에게 이국적인 풍경으로 손에 꼽힌다.

평양의 교통을 주름잡는 여성들, 이들의 정식 명칭은

'교통보안원'이다.

이들은 인민보안성 소속이다. 예전에는 사회안전성 소속의 교통안전원이었다.

'교통보안원' 수신호로 차량의 교통을 인도하고 보행자의 통행을 돕는 것이 주된 임무다.

우리나라로 치면 경찰에 해당하는 조직이다. 북한에서 인민보안성 소속이라면 힘 좀 쓰는 조직이다. 교통과 관련한 업무를 담당하는데, 엄격한 교육과정을 거쳐야 한다.

북한에서 교통보안원이 되려면 고등중학교(고등학교) 졸업생 가운데 선발해 정치대학에서 3년간 특별반의 교육을 받는다.

수도여객운수국 뻐스수리공장에서 만든 '궤도전차'

북한의 적십자사 차량

# 자동차 운행

당연한 얘기지만, 자동차 운전을 하려면 면허가 있어야 한다. 북한에서도 운전면허증을 발급하고 있다.

북한에서는 자동차 운행에 제한이 있다. 그래서 운전면허증과 더불어 여러 가지 증명서를 항상 가지고 다녀야 한다.

운전면허증
자동차 기술 검사증
운행증
운전수회의 참가증
야간통행증(야간 통행시)

평양직할시에는 차량통행 제한이 있다. 그래서 화물차는 낮 시간에 평양 중심부를 지나다니지 못한다. 또한 승용차 운행도 공적인 업무를 제외하고 제한하고 있다.

북한에서는 야간 운행을 위해 필요한 서류인 야간운행증 외에도 평양 시내의 주요 도로를 통행할 수 있는 55호 통행증이 있어야 한다.

평양 진입 초소인 10호 초소를 통과하기 위해서는 10호 초소 통행증이 있어야 한다,

기타 운전에 필요한 서류를 나열하면 다음과 같다.

장거리 운행증
금요통행증, 토요통행증, 일요통행증
휘발유사용 허가증 등

북한에서 운전을 하려면 이것 저것 챙겨야 할 서류가 많다. 한마디로 운전하기 어려운 세상이 바로 북한 사회다.

참고로 '교통보안원'의 임무 가운데 하나가 이런 증명서를 확인하는 것이다.

## 틀린 말 — 옳은 말

| 틀린 말 | 옳은 말 |
|---|---|
| 샤워 | 샤와 |
| 아나운서 | 방송원 |
| 스웨터 | 세타 |
| 시멘트 | 세멘트 |
| 미디어 | 매체 |
| 메시지 | 메쎄지 |
| 마이너스 | 미누스 |
| 핸드폰 | 손전화 |
| 컵 | 고뿌 |
| 바께쓰 | 바께쯔 |
| 아파트 | 아빠트 |
| 라디오 | 라지오 |

# 사귐길

북한에만 존재하는 단어가 있다.

'사귐길'

도대체 무슨 말인지 가늠할 수가 없다.

북한의 도로에서 쉽게 볼 수 있는 단어가 '사귐길'이다. 우리나라에서는 '교차로'가 이에 해당한다.

개인적으로 '교차로'보다는 '사귐길'이라는 단어의 어감이 더 좋은 것 같다.

# 음주운전

음주운전은 범죄다. 북한도 예외는 아니다. 북한에서 음주 운전 처벌은 아주 강하다. 음주운전 등과 같은 교통법규를 위반하면 벌금 및 면허정지, 때에 따라서는 차량을 몰수당하는 처분이 내려진다. 이 말은 음주운전을 하지 말라는 뜻이다.

북한은 음주운전 단속을 할 때, 음주측정기를 사용하지 않는다. 냄새로 판단을 하고 있다. 1990년대 우리나라의 교통경찰의 모습이 연상된다. 우리나라도 1990년대에 똑같은 방식으로 음주 측정을 했다.

북한에서는 운전자가 술 냄새만 풍겨도 1~3개월의

면허정지와 노동처벌형이 내려진다.

음주사고를 냈다면 큰일이 난다고 보면 된다. 음주사
고는 처벌 수위가 상당히 높다. 면허 취소는 기본이
고 강제노동형이 내려진다.

참고로 북한에서는 운전 중에 담배를 펴도 교통법규
위반에 해당한다.

북한의 외교관 차량

# 자동차 번호판

북한에서 승용차는 관용차가 대부분이다. 개인 승용차도 기관에 등록해 운영되는 것이 특징이다. 그래서 북한에서는 차량 번호만 봐도 누가 어디에 있는지를 쉽게 알 수 있다.

북한 당국이 차량 운행을 인정하는 기관으로는 조선로동당, 행정위원회, 국가보위부, 사회안전부, 인민무력부 등이 있다. 물론, 자동차 번호판은 소속별로 번호가 다르다.

소위 북한에서 가장 끗발 센 사람들의 차량 번호는 '01'이다.

01은 노동당 중앙당 본부의 번호다.

당비서, 부장, 부부장 등의 관용차량의 번호가 모두 '평양 01'로 시작한다.

그 다음으로 센 사람들인 당 중앙당 각 부서 과장과 책임 지도원들은 '02'번호를 사용한다.

03~06은 중앙당 호위처의 차량 번호다.

07은 각국 인사들과 중앙당 작전부에서 주로 사용하고 있다.

'11'은 도·시·군 당 위원회 일군들이 차량 번호로 쓰고 있다.

'13'은 외무성과 무역성의 차량 번호다. 그래서 접경 지역에 가면 쉽게 볼 수 있는 북한의 차량 번호다.

인민보안성과 직속기관 및 도·시·군 인민보안성이 15~17을, 국가안전보위부와 직속기관 및 도·시·군 보위부가 18~20을 사용하고 있다.

'21'은 재판소와 검찰소에서 사용하고 있다.

22~50번대 초반까지는 경제부처가, 55번부터는 내각 사무국을 비롯하여 해당 주요 사회단체들이 사용하고 있다.

참고로 '10'은 외교관의 차량 번호다.

# 북한의 도로

북한에서는 도로를 6개의 등급으로 구분하고 있다. 1등급, 2등급, 3등급 도로는 중앙에서 관리하고, 4등급, 5등급, 6등급은 도(道)나 군(郡)에서 관리한다.

도로를 구분하는 기준은 차선폭, 도로폭, 노견폭이다. 폭이 넓을수록 등급이 높다.

1급 도로는 우리의 고속도로에 해당하는 데, 약 10개 정도 있다.

가장 긴 고속도로는 1978년에 개통한 평양-원산 고속도로로 196km고, 가장 짧은 고속도로는 평양-강동 고속도로로 33km다.

참고로 북한의 고속도로는 유료다. 원래는 고속도로 통행료가 없었다. 그런데 2018년 1월부터 고속도로는 무료에서 유료로 전환됐다.

북한의 고속도로 요금은 승용차 기준으로 1km에 0.02유로 정도다. 가장 긴 고속도로인 평양-원산 고속도로를 기준으로 편도로 4유로 정도 부과된다고 보면 된다.

참고로 '나래전자결제카드'로도 결제가 가능하다.

# 써비차

북한 관련 방송을 보면 트럭을 타고 있는 주민들을 쉽게 볼 수 있다. 자칫 끌려가는 것으로 오해할 수 있지만, 그렇지 않다. 오해하지 말아야 할 대목이다.

북한에서는 고속버스를 쉽게 볼 수가 없다. 그래서 주민들은 다른 지역으로 이동할 때, 화물차를 대신해서 이용하고 있다. 지방의 경우에는 고속버스가 따로 운행이 되지 않기 때문에 화물차를 이용하는 사람들이 늘어난 것으로 보면 된다.

돈을 받고 화물이나 사람을 수송해주는 차량을 '써비차'로 부르고 있다.

'써비차'는 서비스 차의 변형된 북한 말이다.

북한에서는 차량을 이용하는 행위를 흔히 '써비를 준다'라고 한다.

써비차의 운영 주체는 과거에는 국영기업소나 행정기관이었는데, 최근에는 민간에서도 영업을 하고 있다.

지역 간 이동이 많아지면서 생긴 새로운 사업이다.

현재 지방에서는 주요 운송수단으로 자리 잡았다.

# 5. 건축

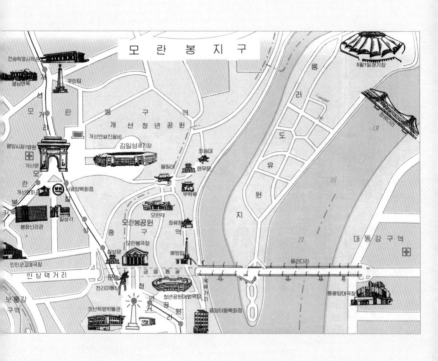

평양의 핫플레이스 모란봉지구

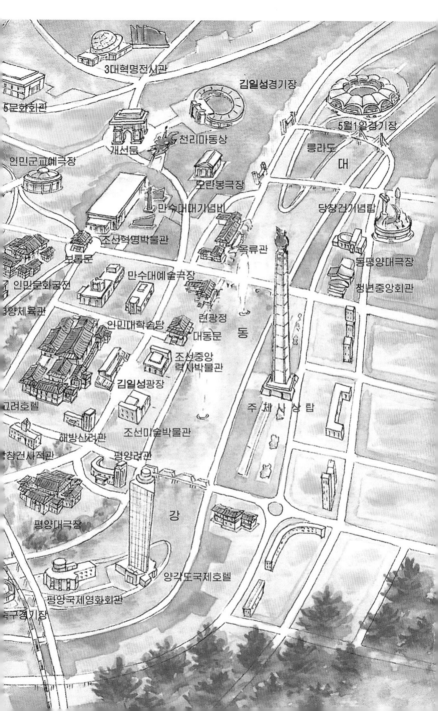

# 평양은 북한인가?

북한의 거리 변화를 얘기할 때, 평양을 예로 드는 경우가 많다. 그래서 예전과 사뭇 다른 평양의 밤거리나 도시의 스카이 라인을 종종 보여준다.

평양은 북한이 아니다.

북한을 설명하는 데 있어서 평양은 진정한 북한이라고 보기 어렵다고 말하는 사람도 있다. 무슨 말을 하려는지 이해는 간다. 평양의 모습을 보고 북한 전체를 봤다고 오해할까 봐 하는 말이라고 생각한다.

문득 이런 생각이 들었다. 평양이 북한이 아니면, 평양은 한국인가?

평양은 북한에 있다. 그래서 북한을 보려면 평양을 봐야 한다. 물론, 평양만 보고 북한 사회 전체로 이해하면 곤란하다.

북한도 지역주의가 있다. 그래서 북한 사회를 전반적으로 이해하려면 최북단인 함경북도부터 최남단인 황해남도까지 면밀하게 살펴봐야 한다. 그러나 그렇게 할 수 없는 것이 현실이다.

2020년 북한을 찾는 외국인이 연간 20-30만 명이다. 대한민국 국민은 평양조차 갈 수도 없다. 북한에 갈 수 없는 상황 하에서 평양도 제대로 보지 못하고 있는 실정이다.

북한의 수도인 평양이라도 제대로 살펴보고, 여타 지역을 알아가는 방식은 어떨까?

# 성경이가 받은
## 살림집리용허가증

새 집을 받고서

# 북한의 부동산 거래

북한에서 부동산을 사고파는 것은 불법이다. 그러나 현실은 부동산 거래가 성행하고 있다. 결국 북한도 법과 현실의 괴리가 존재하고 있다는 것을 의미한다.

우리나라는 어떨까?

장관 인사청문회를 보면 항상 등장하는 단어가 있다. 위장전입, 병역비리, 논문표절 등의 용어는 익숙할 지경이다. 방금 언급한 세 가지는 불법임에도 불구하고 대수롭지 않게 느껴진다. 부끄럽지만 우리 사회도 법과 현실의 괴리가 존재하고 있다.

안타깝지만 남한과 북한의 공통점을 찾은 대목이다.

북한에서 법적으로 집은 개인이 소유할 수 없다. 아파트에 거주하려면 살림집에 들어갈 수 있는 권리가 필요하다.

'입사증(국가주택이용허가증)'을 받아야 한다. 시·군 인민위원회의 도시경영과가 발급하는 '입사증'은 새로운 거주지로 입주할 자격을 부여하고 있다. 교부받은 '입사증'은 상속도 가능한 것이 특징이다.

2020년 북한 사회에서는 이 '입사증'을 거래하고 있다. 거래시 북한의 화폐가 아닌 미국 달러나 중국 위원화로만 매매하는 것이 특징이다.

# 아파트 거래

북한에서 아파트를 건설할 수 있는 주체는 국가, 기관·기업소다. 한마디로 국가가 주거지를 공급하는 유일한 주체다. 국가가 대형 건설 프로젝트를 추진하지만 자금의 부족으로 온전히 감당할 수 없는 문제가 있다.

여기서 편법이 등장한다.

부를 축적한 개인 사업자 또는 돈주(사채업자)를 건설 사업에 끌어들이는 방식이다.

개인 사업자 또는 돈주들은 우선 아파트를 건설한다.

시공이 완료된 후에는 일정 부분을 기관과 약속한 만큼 지분을 나눠 갖는다.

개인 사업자나 돈주들은 기관을 끼고 아파트를 매도하기 때문에 불법이라 하더라도 문제가 되지 않는다. 심지어 북한 당국이나 기관에서는 입사와 관련한 행정처리를 맡아서 처리까지 해주고 있다.

2020년 북한에서 자본주의적인 방식으로 아파트 건설이 이뤄지고 있는 것 같다는 생각이 든다.

# 날을 따라 변모되는 평양

# 북한의 아파트 열풍

서울에 거주한다고 해서 서울에 집이 있는 것은 아니다. 방금 적은 문장을 읽어보니 참으로 서럽다. 이제는 내 집 장만은 그저 꿈이 됐다. 우리나라에서 실패한 내 집 장만을 통일이 되면 평양에서 이뤄볼까 싶은 생각이 있다.

평양 사람들은 부동산 투기를 모르겠지?
아니다.

평양 사람들 중에는 부동산 투기를 전문적으로 하고 있다. 부동산 투기가 가능한 결정적인 이유는 평양의 주택 공급이 주택 수요를 따라가지 못하기 때문이다.

심지어 북한 당국은 다주택 소유자를 묵인하고 있다.

북한의 부동산 투기는 평양에만 국한 된 것이 아니다. 북-중 접경지역인 신의주시, 북한에서 가장 큰 장마당인 '수남시장'이 있는 청진시 등을 중심으로 부동산 투기 열풍이 일어나고 있다.

북한 사회에서 남한과 같이 부동산 열풍이 일어나고 있는 이유는 좋은 거주환경에서 살고 싶은 욕망이 크기 때문이다. 이러한 욕망은 남들보다 더 좋은 집에 거주할 수 있는 '입사증'을 받거나, 매수했을 때 일시적으로 해결이 된다. 그러나 영구적으로 욕망을 채우지 못하는 한계가 있다. 그래서 부동산의 투기는 항상 현재진행형이다.

그렇다면 남과 북 그 어디에도 내가 살 수 있는 집이 없단 말인가?

# 북한의 아파트 브랜드

십쇄가 유학시절에 겪은 얘기를 하나 하자면, 로컬 영국인이 내 집 주소를 보고 화들짝 놀랐던 적이 있다. 내 집이 다름 아닌 '캐슬'이었기 때문이다. 대한민국에 있는 나의 집은 네가 생각하는 그런 의미의 '캐슬'이 아니라는 것을 설명하는데 며칠이 걸렸던 기억이 있다.

우리나라의 아파트 이름은 점점 휘황찬란해지는 것 같다. 그리고 이제는 '00동에 살아요'가 아니라 '00파크에 살아요'가 더 익숙해졌다. 둘 중 한 명이 아파트에 사는 시대라 그런지 지역 이름보다는 아파트 브랜드가 더 익숙해졌다.

북한도 브랜드가 있다. 다만 우리 사회에서 부르는 아파트 브랜드하고는 많이 다르다.

우리나라는 후루지오, 내미안, 옷데캐슬 등으로 구분하고 있다.
북한은 예술인 아파트, 대학별 교직원아파트, 과학자 아파트 등으로 구분하고 있다.

북한은 아파트를 국가가 공급하고 있는 시스템이다. 따라서 지역별로 소속된 직원들의 아파트가 배정된다. 거주 지역을 보면 대충 신분을 눈치 챌 수가 있다.

우리나라도 거주 지역을 보면 대충 신분을 눈치챌 수가 있다.

평양에서 가장 비싼 중구역아파트

# 북한의 인기 아파트

북한에서 인기가 있는 아파트는 크게 두 가지 이유 때문이다. 첫째, 좋은 지역에 있기 때문이다. 둘째, 최고지도자의 관심 속에 건설된 아파트라서 하자가 거의 없기 때문이다.

남이나 북이나 아파트는 선호하는 주거지다. 그래서 일단 입주를 하기 위해 수단과 방법을 가리지 않는다.

북한에서는 인기 있는 아파트를 배정받기 위해 권력을 동원한다. 특히 최근 평양에 건설된 '려명거리 아파트'는 북한 주민들 사이에서 인기 최고다.

# 주거문제

북한에서 주거는 만성적인 문제다. 특히 평양의 아파트는 예나 지금이나 항상 부족하다. 새로운 아파트가 꾸준히 공급되지 못하면, 주택난은 심각한 사회문제가 될 것이다.

북한 주민들은 새로운 주택을 배정받기 위해 늘 기다려야 한다. 기다리는 시간이 점점 길어지면서 결혼을 늦추는 경우도 생겼다.

주거문제는 남이나 북이나 따질 것 없이 매한가지라는 사실이 놀랍다. 그런데 정말로 주거문제 해결책이 없단 말인가?

# 좋은 집

우리나라에서 좋은 집은 일단 지하철 역이 가까워야
한다. 그리고 평지여야 하며, 숲이 아닌 한강 조망권
이 확보된 집이어야 한다. 한마디로 위치가 좋은 곳
에 있는 집이 좋은 집이라는 뜻인데, 결국 비싼 집이
좋은 집이란 말같다.

그렇다면 북한에서는 어떤 집이 좋은 집일까?

북한에서 좋은 집에 대한 기준은 지역별로, 연령별로
조금씩 차이가 있다. 보통 북한에서는 최하층이나 초
고층보다는 지상에서 그리 높지 않고, 방향이 좋은
집을 좋은 집이라고 말한다.

솔직히 말해서, 좋은 집은 누가 봐도 좋은 집이다. 누구나 좋은 집에서 살고 싶어 한다. 그래서 비싸다. 심지어 비싼데도 살 수 없는 아파트가 있다. 그래서 권력이 움직이고 있다.

# 아파트의 상징

북한에서 평양은 특별한 의미를 갖는다. 혁명의 수도
이자 사회주의 낙원을 상징하며, 아무나 평양에서 거
주 할 수 없다.

평양은 오랜 역사와 함께한 도시다. 하지만 3년여 간
의 한국전쟁기간 평양은 폐허가 됐다. 북한은 폐허가
된 평양을 이전과 다르게 새롭게 건설했다.

대표적인 사회주의 국가인 소련과 중국이 평양 재건
을 위한 각종의 지원에 나섰다. 그 결과 오늘날의 평
양은 사회주의 양식의 계획도시로 건설됐다.

북한은 소련 이외 지역에 생겨난 사회주의권 국가다. 소련에 이어 건설된 사회주의의 본보기 도시로 평양이 기획된 것이다.

'전후복구건설' 시기 평양 재건에서 가장 우선적으로 고려된 것은 상징이었다. 사회주의를 상징하는 정치적인 상징물이 도시 재건에서 최우선으로 고려됐다.

평양의 심장으로 불리는 김일성 광장은 완벽한 무대 형식으로 기획됐다. 우리 눈에 익은 북한의 군사퍼레이드나 횃불행진을 김일성 광장에서 하는 것은 연출이 가능하도록 기획이 됐기 때문이다.

# 금수산태양궁전

금수산기념궁전에는 김일성 주석과 김정일 국방위원장의 시신이 안치돼 있다.

원래는 김일성 주석의 집무실로 사용됐다. 그러다가 1994년 7월 8일 김일성 주석이 사망함에 따라 시신을 영구적으로 보존할 목적으로 개조했다.

2011년 12월 17일 김정일 국방위원장이 사망함에 따라 '금수산기념궁전'에서 '금수산태양궁전'으로 개칭했다. 현재 김정일 국방위원장의 시신도 금수산태양궁전에 안치돼 있다.

평양 보통강 인근에 조성된 '삼지연 극장'

# 삼지연 극장

2000년대 북한 최고의 예술단은 단연 은하수관현악단이었다. 김정일 국방위원장이 사망함에 따라 형장의 이슬처럼 사라진 예술단이다. 하지만 북한의 음악에 관심이 있는 사람들은 익히 알고 있는 예술단이다.

북한의 최고지도자로 등극한 김정은 국무위원장은 모란봉악단을 시작으로 청봉악단, 삼지연악단을 조직했다. 현재는 북한 내에서 엄청난 인기를 끌고 있는 예술단들이다.

2018년 2월 8일, 강원도 강릉시 강릉아트센터에는 북새통을 이뤘다. 평창 동계 올림픽의 성공적인 개최

를 기원하기 위한 북한의 삼지연관현악단 특별공연
이 있었기 때문이다.

삼지연관현악단이라는 이름은 낯설었다. 기존에 없
었던 예술단이었기 때문이다.

김정은 시대들어 조직된 예술단은 소규모로 조직됐
다. 따라서 클래식이 아닌 전자악기를 기반으로 주로
연주를 했다. 그런데 삼지연관현악단은 은하수관현
악단만큼 클래식을 비롯해 전자악기까지 연주가 가
능하도록 큰 규모의 예술단이다.

2018년 10월 10일, 북한은 모란봉교예극장을 리모델
링하면서 삼지연 극장으로 새롭게 오픈했다. 향후 삼
지연관현악단은 북한 최고의 예술단으로 활약할 것
으로 기대가 된다.

# 릉라도 5.1경기장

서울에는 한강이 있고, 평양에는 대동강이 있다. 한
강에 여의도가 있다면, 북한에는 릉라도가 있다. 제
법 큰 섬이다. 세계 규모의 경기장도 있고, 유희장도
있다.

3차 남북정상회담에서 남북 역사상 처음으로 남측
대통령이 15만 명의 평양시민 앞에서 직접 연설한
곳이 바로 릉라도에 있는 '5.1경기장'이다.

경기장 규모는 상당하다. 15만 명을 수용할 수 있다.
당연히 북한 최대의 종합체육경기장이다. 그렇다 보
니 출연 인원 10만 명인 대집단체조와 예술공연 〈아

리랑〉 공연이 이곳에서 열린다.

'5.1경기장'은 1988년 서울올림픽 대회에 맞서 1989
년 7월 평양에서 진행된 제13차 세계청년학생축전에
맞추어 5월 1일에 준공됐다.

릉라도에 있어 '릉라도경기장', '인민대경기장'으로
불리기도 했다. 공식 명칭은 '5.1경기장'이다. 1989년
5월 1일에 개장하면서, '5.1경기장'으로 명명되었다.

'5.1경기장'은 3개 훈련장과 실내 연습장을 갖추고
있다. 곡선적인 외형에 천연 잔디가 깔려 있는 운동
장이다.

김정은 국무위원장이 '세계적 수준'으로 리모델링하
도록 지시하면서 10개월 간의 공사를 거쳐 2014년
10월 28일 준공식을 가졌다.

'5.1경기장'은 국제적 규모와 기준에 맞게 리모델링
된 것이 특징이다.

# 릉라도 유희장

릉라도는 행정 구역 상으로 평양직할시 중구에 있는 섬이다.

북한은 릉라도를 "평양을 동서로 가르는 대동강에 있는 여러 섬 가운데 하나로, 마치 비단을 수놓은 듯이 아름다운 섬"으로 생각하고 있다.

사실 릉라도에는 각종의 놀이 시설이 모여 있다. 그래서 평양 주민들이 많이 찾는 곳 가운데 하나다. 무엇보다도 김정은 시대들어 북한은 릉라도의 유희시설을 대대적으로 리모델링을 했기 때문에 이용에도 불편함이 예전보다는 덜하다.

새롭게 들어선 '룽라곱등어관'은 평양시민들에게 인기 있는 유희시설이다. 만화에 등장할 정도로 북한에서는 주민들이 가장 가고 싶어하는 곳이다.

참고로 북한에서는 돌고래를 '곱등어'라고 부르고 있다. '곱등어관'에서는 각종의 돌고래 공연을 볼 수 있으며, '반월도 수영장'과 함께 룽라도를 대표하는 문화시설이다.

# 6. 민족문화

문화재 보호정책 / 민족문화 남과 북의 차이 / 최고지도자의 유적지 방문 / 잡지 〈민족문화유산〉 / 문화유적 애호월간 / 만화영화 〈고주몽〉 / 불후의 고전적 명작 / 총서 '불멸의 역사' / 4·15문학창작단 / 바둑 / 바둑 인구 / 민족무예 태권도 / 북한 태권도의 등급 / 씨름 / 명절에 입는 한복

# 문화재 보호정책

우리나라의 문화재 정책은 원형 그대로, 있는 그대로의 보존에 중점을 두고 있다.

북한의 민족문화 정책은 현재성에 초점을 두고 현시대에 적합하도록 수정과 변용을 원칙으로 하고 있다. '오늘의 현실에 맞게 발전시키는 것이 중요하다'고 여기고 있는 것이다.

남과 북의 민족전통을 계승하고 민족문화의 중요성을 알고 있지만 방향성은 상이하다.

# 민족문화 남과 북의 차이

남과 북이 같이 '민족문화'라는 단어를 쓰고 있다. 그러나 무게 중심은 다르다.

북한에서 높이 평가하는 가면극을 예로 들면, 북한은 가면극을 높이 평가하고 있다. '봉건사회 인민들의 계급적 이해관계와 사상 감정을 반영한 우수한 인민 창작으로서 인민들의 낙천적이고 패기에 찬 투쟁정신이 담겨 있다'고 평가한다.

그렇다.
같은 말을 쓰더라도 남과 북, 그 의미나 중요하게 여기는 포인트는 다를 수 있다.

# 최고지도자의 유적지 방문

북한에서 역대 최고지도자들은 유적지를 방문했다. 최고지도자의 유적지 방문은 정치적으로 상징성이 크다. 한마디로 북한 당국의 관심이 크다는 것을 의미한다.

김정은 국무위원장도 예외는 아니다.

매년 김정은 국무위원장은 민족문화유산 관리에 대한 현지 지도를 정기적으로 하고 있다.

김정은 시대 들어 북한이 추진하고 있는 문화재 정책은 문화유산의 개건과 복원, 민속놀이의 장려 등을 장려하는 데 초점이 맞춰져 있다.

북한이 추진하는 민족문화 정책의 기본 방향은 "민
족문화 유산의 계승 발전의 적임자로서 정통성을 확
보하면서 민족문화의 정통성과 사회주의 혁명의 정
통성을 결합한 민족주의의 고양"에 있다.

# 잡지 〈민족문화유산〉

북한에는 다양한 잡지가 있다. 그 중에서도 잡지 〈민족문화유산〉이 있다. 민족의 우수한 문화를 소개하는 월간지다.

북한에서 발간하는 잡지들은 대부분 재미가 없다. 그런데 개인적으로 잡지 〈민족문화유산〉은 더 재미가 없다. 그래서 북한이탈주민에게 이 잡지에 관해 물었다. 답은 충격적이었다. 북한이탈주민 중에는 이 잡지의 존재를 모르는 사람들이 꽤나 있었기 때문이다.

불면증에 시달리고 있다면, 잡지 〈민족문화유산〉을 추천한다.

위대한 **김일성**동지와 **김정일**동지는
영원히 우리와 함께 계신다

# 민족문화유산

과학백과사전출판사

**3**
주체104(2015)

# 문화유적 애호월간

북한은 매년 4월과 11월을 문화유물 보호를 위한 달로 지정하고 있다. 이는 김정일 국방위원장의 지시로 이뤄진 조치로 '문화유적 애호월간'이 지정돼 있다.

'문화유적 애호월간'이 되면 문화유적 주변을 깨끗이 정리하고 있다. 여름철에는 장마에 대비하거나 겨울철에는 추위 대비를 위한 각종의 보호조치들을 취하고 있다.

북한의 문화유산 보호와 관련한 관리사업의 의지를 엿볼 수 있는 대목이다.

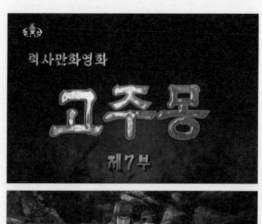

인기 만화영화 〈고주몽〉

# 만화영화 〈고주몽〉


2006년 5월 MBC에서 인기리에 방영된 대하드라마가 있다. 드라마 〈주몽〉은 대하드라마 마니아가 아니더라도 누구나 알고 있을 정도다. 평균 시청률이 41.0%정도로 지금은 상상도 하기 힘든 시청률을 기록했다. 당시 드라마에서 주몽 역을 맡은 배우 송일국은 거짓말 조금 보태서 BTS급의 인기를 누렸다.

드라마 〈주몽〉은 필자인 십쇄와 안티구라다에게도 아직도 기억에 생생하다. 그만큼 역대급 드라마다.

2017년 북한이 신작 만화영화를 선보였다. 그런데 만화영화 제목이 고주몽이었다. 드라마 〈주몽〉이 오버렙되는 순간이었다.

북한의 만화영화 〈고주몽〉은 조선4.26만화영화촬영소에서 총 10부작으로 제작했다. 북한에서 만든 만화영화야 뻔해서 크게 기대를 하지 않았다.

만화영화 〈고주몽〉을 보고 난 후에 북한 만화영화에 관한 인식이 바뀌었다. 만화영화 〈고주몽〉은 최근 북한의 만화의 제작 수준을 가늠할 수 있는 잣대가 되는 작품이라고 보면 된다. 한마디로 북한 만화영화의 정점을 찍은 작품이다.

물론, 북한에서 만든 만화영화 〈고주몽〉을 보면 우리가 알고 있는 내용과 다른 면을 볼 수 있다. 예컨대 만화영화에 등장하는 인물과 김정은 국무위원장의 이미지를 의도적으로 오버랩시키는 장면이 나오기도 한다.

# 불후의 고전적 명작

불후의 고전적 명작이란 '항일무장혁명투쟁 시절 김
일성 주석이 창작하였거나 공연한 작품'을 말한다.

문학 작품을 비롯해 영화, 연극, 가극 등이 있다.

작품 〈피바다〉, 〈조선의 노래〉, 〈안중근이 이등박문
을 쏘다〉, 〈혈분만국회〉, 〈3인1당〉, 〈성황당〉, 〈딸에
게서 온 편지〉, 〈꽃파는 처녀〉, 〈한 자위단원의 운
명〉, 〈조국광복회10대강령가〉, 〈사향가〉, 〈경축대회〉
등이 있다.

북한에서 최고 걸작으로 평가하는 작품들이다.

혁명가극으로 제작된 장편소설 『꽃파는 처녀』

# 총서 '불멸의 역사'

북한에서 '총서'는 수령의 혁명 역사를 강조하면서 위대성을 부각하기 위해 창작한 소설이다.

'총서'는 두 가지가 있다.
총서 '불멸의 역사'와 총서 '불멸의 향도'다.
총서 '불멸의 역사'는 김일성의 항일무장혁명 투쟁과 혁명사적을 소재로 한 장편소설 시리즈다.

총서 '불멸의 향도'는 김정일의 혁명사적을 소재로 한 장편소설 시리즈이다. '불멸의 향도'는 1990년대부터 본격적으로 창작이 시작됐다.
참고로 우리나라 사람들은 읽기 힘든 소설이다.

# 4·15문학창작단

4·15문학창작단은 북한 최고의 문학 창작단이다. 총서 '불멸의 역사'와 총서 '불멸의 향도'를 4·15문학창작단에서 창작했다.

솔직히 '총서'는 굉장히 두껍다. 방대한 장편소설이라서 개인이 창작하기엔 무리가 있다. 그래서일까? 북한은 집체창작단인 4·15문학창작단을 본보기 창작단으로 조직했다. 이 창작단이 창작한 작품은 엄청 많다.

⟨은하수⟩, ⟨력사의 새벽길⟩, ⟨배움의 천리길⟩, ⟨불멸의 자욱⟩, ⟨봄우뢰⟩, ⟨혁명의 려명⟩, ⟨고난의 행군⟩,

〈누리에 붙는 불〉, 〈백두산 기슭〉, 〈충성의 한길에서〉, 〈두만강지구〉, 〈조국의 진달래〉, 〈근거지의 봄〉, 〈준엄한 전구〉, 〈대지는 푸르다〉, 〈닻은 올랐다〉, 〈압록강〉, 〈잊지못할 겨울〉, 〈고추잠자리〉, 〈위대한 사랑〉, 〈빛나는 아침〉 등이 있다.

방금 언급한 작품들은 낯설게 느껴질 것이다. 처음으로 들어봤다면, 정상이다. 오히려 위에 나열된 작품을 알고 있는 것이 이상하다.

# 바둑

2014년과 2019년에 개봉한 영화 〈신의 한수〉가 있다. 바둑의 신들이 벌이는 게임에 내기가 더해지면서 흥미진진하게 영화를 봤던 기억이 있다.

그런데 2016년 바둑계에 알파고 AI(인공지능)가 등장하면서 패러다임이 바뀌었다.

2019년 12월 21일 이세돌 9단이 한돌 AI(인공지능)와 대결을 했다. 이세돌 9단이 한돌 AI(인공지능)를 한 번은 이기고, 두 번은 졌다. 조만간 인간들이 재미 삼아 하는 내기 바둑도 AI(인공지능)로 사라지는 것은 아닌지 걱정이 됐다.

영화 〈신의 한수〉의 후속편이 개봉되면 AI(인공지능)가 등장하는 것은 아닌지 별 생각이 다 들었다.

사실 대한민국에서 바둑은 취미생활로 즐기는 사람이 많다. 그래서 직장인 중심의 동호회나, 학생 중심의 동아리 모임이 활발히 이뤄지고 있다. 지방자치단체에서는 문화프로그램을, 학교에서는 방과 후 활동으로도 많은 인기를 모으고 있다.

북한은 어떨까?

북한에서 바둑은 인기 스포츠다. 원래부터 인기가 있었던 것은 아니다. 김정은 시대 들어 인기를 끌기 시작했다.

북한에서의 바둑은 두뇌싸움으로서 무도(武道)의 일종으로 보고 있다. 물론, 북한 사회에서 널리 알려진

건 장기나 주패(트럼프)다. 아직까지 북한 사회에서
바둑이 대중화됐다고 보기 힘들지만, 최근 들어 인기
를 모으고 있는 종목이다.

# 바둑 인구

1989년 9월, 북한에 공식적으로 바둑협회가 결성됐다. 그리고 1990년부터 '전국바둑대회'가 열렸다.

1991년 체육기술연맹 산하 49개 단체의 하나로 등록하면서 바둑대회를 활성화하고자 적극적으로 노력했다.

북한의 국제바둑연맹 가입은 늦은 편이었다. 1991년 국제바둑연맹에 가입하면서 국제사회에 모습을 드러냈다.

현재 북한의 바둑 인구는 1만 명 정도인 것으로 알려

졌다.

특이한 것은 바둑을 '두뇌격술', '두뇌무술'로 보고 태권도, 씨름 등과 함께 무도(武道)의 범주로 분류한다는 점이다.

2004년 9월에 열린 제1회 국제무도경기대회에서 바둑이 정식종목으로 채택된 것도 이러한 이유 때문이다.

# 민족무예 태권도

1972년부터 북한은 태권도를 '국방체육' 강화의 수단으로 학교나 각급 기관과 사업소에서 집중적으로 육성하고 있다.

1980년대부터 태권도가 체계화됐다.

1987년 태권도체육단을 창설하였으며, 1989년에는 조선태권도연맹으로 확대됐고, 1992년부터 조선태권도위원회로 개편됐다.

# 북한 태권도의 등급

우리나라는 태권도가 초단부터 9단까지 구분돼 있다.

북한도 태권도 등급이 있다. 19등급으로 구성돼 있으며, 10개의 급과 9개의 단으로 구분돼 있다. 가장 낮은 급인 10급에서부터 시작해서 1급까지 올라간다. 단수는 1단으로부터 최고 단수 9단까지 있다.

태권도경기장의 규격은 9×9m로 정사각형이다. 경기 구역에서 국제태권도련맹이 인정하는 도복만 입을 수 있으며, 맞서기 경기(대련)을 할 때는 맞서기용 장갑과 신발을 착용해야 한다.

헷갈리면 안 되는 것이 있다. 세계태권도연맹(WT)은 대한민국이 주관하고 있다. 반면에 국제태권도연맹(ITF)은 조선민주주의인민공화국이 주관하고 있다.

태권도는 북한이 국제화하고 있는 종목이다. 그래서 1966년 설립된 국제태권도연맹(ITF)에 가입하여 주도적으로 단체를 이끌고 있다.
국제태권도연맹은 112국의 회원국에 150만 명 정도의 회원을 보유하고 있으며, 본부는 오스트리아의 빈에 있다.

2002년 6월 국제태권도연맹 총재였던 최홍희가 사망하면서, 북한의 IOC위원인 장웅이 총재를 맡았다. 현재는 리용선이 국제태권도련맹 총재다.

# 씨름

남과 북, 최초로 유네스코 인류무형유산 대표목록에
공동으로 등재한 것이 있다.

'씨름'이다.

사실 씨름하면, 떠오르는 것이 추석이다. 1980년대
대한민국의 추석 풍경에서 빠질 수 없었던 것이 있
다면, '씨름 경기 방송'이다.
1980년대 씨름의 1등은 이만기, 2등은 이봉걸이었다.
그러다가 1989년 '씨름판의 신인' 강호동이 등장하
는데, 씨름의 절대 강자인 이만기 선수를 꺾었다.

1989년 대한민국이 들썩였던 것을 기억하는 국민이 아직까지 있을지 모르겠지만, 정말로 대단했다.

북한도 씨름을 추석에 즐겨 보는 운동이다. 그러나 북한의 추석은 당일에만 쉬기 때문에 추석의 의미가 우리하고는 사뭇 다르다.

지금 우리나라에서 씨름은 대중과의 거리가 먼 비인기 스포츠지만, 북한에서 씨름은 최고의 인기 스포츠다. 추석에 방영하는 북한의 「조선중앙TV」를 보면, 경기장을 가득 메운 사람들이 열띤 응원을 펼치는 모습을 볼 수 있다.

북한 TV에서 본 씨름 경기를 보면, 선수들이 상의까지 입고 경기를 하는 모습을 볼 수 있다. 이 점이 우리와 다른 점이다.

너도나도 민족옷 황홀하게 단장하니
거리마다 마을마다 무지개 비낀듯
선녀같이 차려입고 노래하는 그 모습에
사회주의 내 나라 강산이 강산이 밝아지네

(노래 《조선옷은 민족의 향기라네》중에서)

# 명절에 입는 한복

북한에서는 한복을 '조선옷'으로 부른다. 북한 여성들도 일상에서는 한복을 안 입는 추세다. 주로 한복은 명절에 입는다. 그래서 설날이나 추석과 같은 민족명절에 한복을 입는다.

통상적으로 우리 사회에서 4대 명절은 설날, 한식, 단오, 추석이다. 북한의 4대 명절은 우리나라하고 다르다.

북한의 4대 명절은 김일성 생일(4. 15), 김정일 생일(2. 16), 정권 수립일(9. 9), 조선로동당 창건일(10. 10)이다. 북한의 여성들은 이때 한복을 입는다.

북한에서 발행한 달력을 보면 4월 15일, 2월 16일, 9월 9일, 10월 10일은 '빨간색'으로 표시돼 있다. 빨간 색으로 표시됐다는 것은 쉬는 날을 의미한다.

그렇다고 해서 북한에서는 설이나 추석이 없는 것은 아니다. 북한은 민족명절로 설(신정), 음력설, 한식, 단오, 추석 등을 정하고 있다. 우리나라하고 다른 점이라면 북한은 민족명절을 하루만 지정해서 쉬고 있다.

## 안티구라다(Anti Gura-da)

'안티 구라다'는 결심하면 하기는 한다. 골라서. 하고 싶은 것과 해야 하는 것 사이에 거리가 제법 컸다. 필명 인 '안티 구라다'는 둘 사이의 간격을 좁혔다. 『통일 잡 (雜)수다』와 『The Society: One for all, All for one(북한 사회: 전체는 하나를 위하여, 하나는 전체를 위하여)』 에 이어 세 번째로 책을 쓴 이유다.

이 책은 『The Society(북한사회)』에서 못다한 분야를 담 았다. '지리', '교육', '체육', '교통', '건축', '민족문화'로 총 6개 부분으로 구성했다.

이번 책은 무미건조함을 피하고자 대화를 간간히 섞은 것이 특징이다.

## 십쇄(ShipShue)

'십쇄'라는 이름으로 활동을 하면 10쇄까지 책을 찍겠다는 각고의 다짐을 했다.

돌이켜 보니 무모한 생각이었다.

여전히 10쇄까지 찍지 못하고 있다. 필명을 십쇄에서 삼쇄로 바꿔야 할지 고민이다.

10쇄까지 책을 찍지도 못하면서 벌써 세 번째로 책을 냈다. 단행본『북한사회: 당이 결심하면 우리는 한다』라는 제목의 책이다. 이번에도 '안티구라다' 님과 공동으로 집필했다.

이번에 발간된 책의 지향점은 기존의 책들과 비슷하다. 그래서 재미있는 것만 골라 주워 담고자 노력을 했다. 단행본『북한사회: 당이 결심하면 우리는 한다』는 지루하고 재미없는 부분을 덜어냈다. 여타 다른 책들과 달리 '핵 꿀잼'의 책이라 자평한다.

# 북한사회
## ─당이 결심하면 우리는 한다

© 안티구라다·십쇄, 2020

1판 1쇄 인쇄__2020년 02월 01일
1판 1쇄 발행__2020년 02월 07일

지은이__안티구라다·십쇄
펴낸이__양정섭

펴낸곳__경진출판
　　　　등록__제2010-000004호
　　　　이메일__mykyungjin@daum.net
　　　　사업장주소__서울특별시 금천구 시흥대로 57길(시흥동) 영광빌딩 203호
　　　　전화__070-7550-7776 팩스__02-806-7282

값 15,000원
ISBN 978-89-5996-723-0 03340